MY
JOB
나의 직업

어쩌면 당신의 시선

CONTENTS

Part One

History

Part Two

Who & What

Part Three

Get a Job

Part Four

Reference

Part One

History

항공기의 역사

비행기 역사의 시작

〈인간의 날고 싶은 욕망을 실현한 레오나르도 다빈치〉

　누구나 한번쯤 어릴 적에 계단 위에서 슈퍼맨처럼 날고 싶다는 기대를 가지고 풀쩍, 뛰어내려본 경험이 있을 것이다. 더 짓궂은 소년소녀들은 보자기를 둘러매고 옥상 위를 기웃거려보았을지도 모른다. 이와 같은 장난꾸러기들의 행동은 사실 보편적인 인간의 욕망이기도 하다. 끊임없이 하늘을 날고 싶어 했던 역사 속의 이야기들이 이를 증명해준다.

　여러분이 잘 알고 있는 그리스로마 신화 역시 하늘을 날고 싶어 하던 인간의 바람을 그리고 있다. 하늘을 더 높이 날고 싶었던 '이카루스'는 태양 가까이, 더 가까이 날아오르던 끝에 결국 날개를 만들 때 쓰인 촛농이 녹아 내려 추락하고 말았다. 절제를

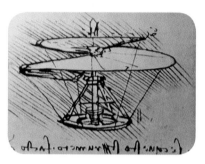

▲ 레오나르도 다빈치의 초상화(왼쪽), 레오나르도 다빈치의 스케치(오른쪽)

모르고 끝도 없는 욕심을 부리는 사람이나 상황을 두고 흔히
'이카루스의 날개'라는 표현을 쓰는 이유이기도 하다.

　이처럼 인간은 기원 이전부터 날고 싶다는 욕망을 실현하기
위해 상상력을 동원하고, 실행에 옮기려는 계획을 세웠다.
그렇지만 우리가 '비행'이라고 말할 때에는 보편적으로 생각해볼
수 있는 어떤 이미지가 분명히 존재한다. 날개가 달린 동력체로서
자유롭게 하늘을 날 수 있다거나, 이륙과 착륙이 가능한
이동수단으로서의 모습이 그러할 것이다. 이처럼 명확하고
보편적인 '비행'의 개념을 반영한 비행체는 레오나르도 다빈치에
의해서 최초로 실현되었다고 볼 수 있다. 16세기 초, 레오나르도
다빈치는 새가 하늘을 나는 원리에 대해 문득 의문을 가지게
되었고, 곧장 연구에 착수했다.

　그는 아주 신기한 사실 몇 가지를 발견했다. 먼저 하늘을 나는
새는 자신의 무게를 받쳐줄 수 있는 충분한 양의 공기만
존재한다면, 그 위를 뜰 수 있다는 사실이었다. 여기서 비행의
주요 원리를 이해한 레오나르도 다빈치는 박쥐의 날개를 닮은
'오니숍터'를 설계하기 시작했다.

　어려운 단어 같지만, 어릴 적에 누구나 한번쯤 이 '오니숍터'를
가지고 놀아본 경험이 있을 것이다. 고무줄을 감아서 위 아래로
날개가 움직이도록 만들어 하늘을 날 수 있도록 한 장난감이 바로

'오니숍터'다.

보통 비행기가 프로펠러의 힘으로 날아가는 것에 비해, 오니숍터는 날갯짓을 통해 날아갈 수 있도록 설계되어 있다. 재미있게도 이 오니숍터의 어원 역시 그리스어의 '새'와 '날개'의 합성어라고 한다. 즉, 날개를 펄럭이며 비행하는 비행체라는 의미가 그대로 적용되어 '오니숍터'라는 이름을 가지게 되었다고 할 수 있다.

'인간이 새처럼 하늘을 날기 위해선 무엇이 필요할까?'

레오나르도 다빈치의 상상력은 이 질문으로부터 시작했고, 이를 해결하기 위해서는 아무래도 새의 특징을 이해해야 한다고 생각했다. 그 때 문득 인간과 새의 가장 큰 차이점은 바로 '날개'라는 생각을 할 수 있었다. 이에 따라 비행을 하기 위해서는 날개가 반드시 필요하며, 따라서 날개의 생김새와 날갯짓이 가능한 원리, 즉 작동원리를 이해해야 한다고 생각하고, 이를 알 수 있는 실험에 곧장 착수했다. 그는 처음에는 사람의 양 팔에 날개를 부착하는 형태를 생각했다. 겉보기엔 새와 비슷한 형태였고 그럴 듯 했다. 하지만 사람은 새처럼 가볍지 않았고, 제작한 날개 역시 사람의 무게를 견딜 수 있을 만큼 튼튼할 수 없다는 한계를 깨달았다.

한계를 발견한 뒤에도 레오나르도 다빈치의 노력은 계속되었다. 여러 가지 방법들을 시도하던 그는 결국 판자에 누워서 해법을 찾아냈다. 레버 장치, 페달 장치, 풀리의 시스템(로프를 걸어서 회전시키는 바퀴)이 적용된 두 개의 커다란 막대기를 날개처럼 움직이면 하늘을 닐 수 있는 상태가 가능하다는 발견을 해낸 것이다. 그는 이를 곧장 설계해 스케치로 완성했다. 이 스케치는 사람도 새처럼 날개를 움직일 수 있는 상태를 그대로 보여주는데, 자신의 체중을 받쳐줄 수 있는 충분한 양의 공기가 있다면 누구든지 하늘을 비행할 수 있을 것이라는 내용을 설명하고 있다.

이와 같은 레오나르도 다빈치의 노력은 비행기의 역사에 있어 빼놓을 수 없는 최초의 시도로 손꼽히고 있다. 비행기 그 자체를 개발해낸 것은 아니지만 비행의 원리를 정확하게 이해했던 그의 아이디어와 연구들이 그 이후의 역사에서 비행기의 탄생과 발전 역사에 큰 영향을 미쳤기 때문이다.

〈사람을 태운 최초의 비행 시도, 열기구의 탄생〉

아직 비행기라고 부를 수 있는 형태는 아니었지만, 하늘을 날 수 있는 장치를 발명한 시점은 약 18세기 무렵이었다. 프랑스에 살던 몽골피에 형제는 오늘날 우리가 야외 행사장 등에서 볼 수 있는 열기구를 통해 최초의 비행기구를 발명해 냈다.

프랑스의 리옹 지역에서 여러 가지 종이를 생산하는 사업을 했던 조셉과 쟈크는 어느 날, 종이봉투를 가지고 놀다가 신기한 경험을 하게 되었다. 종이봉투에 우연치 않게 불을 쬐었더니, 봉투가 하늘로 두둥실 떠올라 가는 것을 발견한 것이다. 이들 형제는 어째서 종이봉투가 하늘로 솟아오르는지 이유가 궁금했고, 이를 잘 적용하면 사람도 하늘을 날 수 있지 않을까 같은 의문을 가지고 몇 가지 시도를 해보기로 했다.

처음엔 종이봉투가 하늘로 솟아오르는 원리를 정확히 이해할 수 없었다. 그러나 불꽃과 연기 같은 요인들 중 하나가 물체를 하늘로 솟아오르게 하는 에너지와 관련이 있을 것이라는 가설을 바탕으로 시도를 거듭해 나갔다.

그들은 호박단을 이용해 풍선의 겉 표면처럼 커다랗고 둥그스름한 형태를 만들었다. 그리고 아래에 불을 피워 기구가 솟아오르는지 몇 번에 걸쳐 실험했다. 물론 실험은 성공적이었고, 첫 실험을 바탕으로 이들의 시도는 점점 더 규모를 불려 나갔다. 1782년 9월 19일에는 베르사유 궁에서 이들을 초대했다. 이들은 왕 앞에서 기구가 하늘로 솟아오르는지를 시험했고, 루이 16세와

마리 앙투아네트 왕비는 승객을 태운 최초의 비행을 목격했다.
물론 오늘날처럼 수십 명의 사람을 태운 열기구를 상상하면
곤란하다. 이 때 열기구에 오른 승객은 양과 오리 수탉을 각각 한
마리씩 바구니에 태운 정도였다. 그러나 무려 18분 동안 약
1,500피트(약 460미터)를 날아올랐다가 연료가 다 떨어지고
나서야 착륙했던 최초의 비행실험으로 이 날은 역사에
기록되었다.

　그러나 약 일 년여의 시간이 지나도록 사람을 태운 비행 실험은
이루어지지 못했다. 1783년 11월 21일 마침내 열기구에
타겠다고 자원한 사람이 나타났다. 바로 물리학자 드 로제와
아를란드 후작이었다. 이들은 열기구를 타고 약 500m 높이로
솟아올랐고, 무려 25분 동안 하늘을 날아다니는 데 성공했다.
세계 최초의 유인 비행이 마침내 이루어진 역사적인 날이었다.

　비행기의 역사에 있어 유일무이한 최초의 시도를 성공해낸
업적에도 불구하고 이들 형제는 비행의 원리에 대해서는 전혀
이해하지 못했다. 양의 털이나, 지푸라기를 태운 연기가 기구를
솟아오르게 만드는 에너지 그 자체라고 생각할 뿐이었다. 즉

연기가 공중으로 떠오르게 하는 가스를 포함하고 있다고 믿었던
것이다. 사실 기구가 하늘로 솟아오를 수 있는 것은 온도의
변화에 따라 공기의 속성이 달라지면서 생긴 안과 밖의 공기의
차이 때문이었는데도 말이다. 기구 내의 가열된 공기가 외부의
차가운 공기보다 가벼워지면서 기구를 상승하게 만들었다는
기초적인 과학적 상식이 이들에게는 상상할 수도, 검증해볼 수도
없는 낯선 가설이었던 것이다. 조셉이 동생에게 쓴 편지를 보면
이런 사실은 더욱 잘 드러난다.

"많은 양의 호박단 천을 구해라. 그러면 세상에서 가장 놀라운
광경을 보게 될 것이다."(조셉이 동생에게 보낸 편지 중에서)

비록 과학적 원리에 대해서는 최후까지 깨닫지 못한
이들이었지만, 프랑스 과학 아카데미에서 명예훈장을 받는 등
중요한 발명가로서 이들의 업적은 당시나 지금이나 의미 있게
받아들여지고 있다. 우연치 않게 열기구를 하늘로 띄우는데
성공하고, 이후에도 지속적으로 비행기의 원리를 연구하며 여러
가지 비행 시도를 하며 새로운 역사를 만들어간 이들의 노력은
가치 있는 일임에 분명하다는 것을 모두가 인정하고 있기
때문이다.

〈보다 비행기다워지다, 비행선과 글라이더〉

열기구로 하늘을 날 수 있었던 방식보다 조금 더 비행기에
가까워진 형태는 비행선의 등장 이후다. 사실 열기구나 수소기구
등은 비행기의 심장이라고 할 수 있는 자체적인 엔진이 달려있지
않았다. 때문에 비행체를 자유롭게 조종할 수 있는 기능 역시
없었다.

조종능력이 없는 비행체의 한계에 염증을 느끼던 여러
연구자들은 새로운 시도를 통해 보다 독자적인 능력을 갖춘
비행기를 만드는 데 주력했다. 학문은 물론 과학기술분야에서도

▲ 가벼운 기체의 부력을 이용하여 하늘을 나는 비행선

다양한 시도가 펼쳐지던 유럽의 각 국가들에서 먼저 움직이기
시작했다. 그러나 19세기 말이 될 때까지도 이렇다 할 성과는
나타나지 않았다. 시간은 흐르고 흘러 1900년에 이르러 독일의
체펠린 백작이 가솔린 엔진과 알루미늄으로 만든 프로펠러를
장착한 커다란 비행선을 완성해냈고, 이것이 사람이 조종할 수
있는 최초의 비행선으로 기록되고 있다.

체펠린 백작이 비행기구를 처음 접한 것은 1863년
미국남북전쟁 때였다. 그는 이 때 공기보다 가벼운 기체를 이용해
비행할 수 있는 비행체를 처음 보았는데, 이 비행체는 관측용에
불과해서 보다 본격적인 의미로서 비행기는 아직 존재하지
않았다. 육군의 감시자로 근무했던 체펠린 백작은 이 관측용
기구를 여러 차례 볼 수 있었고, 1891년 독일로 돌아와 일반
시민들은 물론 군사적으로도 사용 가능한 비행선을 발명하는 데
전념했다. 시간은 흘러 1900년 7월 2일, 비로소 첫 비행에 성공할
수 있었다.

먼저 그는 거대한 자금을 투입해 공장을 세웠다. 공장은
프리드리히스하펜에 세워졌고, 자금은 아내인 이자벨라로부터

나왔다. 이렇게 만들어진 공장은 길이 128m에 지름 11.5m인 거대한 기구를 개발하는데 사용되었다.

체펠린은 비행선의 앞쪽과 뒤쪽에 달린 두 개의 방향타를 이용해 조종이 가능한 비행선을 제작했다. 엔진은 두 대, 15마력짜리 다임러 엔진이었다. 프로펠러를 돌려 추진력을 얻은 비행선이 하늘을 비행할 수 있었고, 승객은 곤돌라에 탑승했다.

체펠린 비행선은 최초 비행에서 사람을 태우기도 했다. 다섯 명의 승무원은 비행선을 조종하면서 무려 18분 동안 비행에 성공했다. 396m 고도로 거의 6km를 날아갔다고 전해진다. 제1차 세계대전이 시작될 무렵부터 단 한 번의 사고도 없이 3만 5천 명의 승객을 운송했으니 비행선으로서 기능적 완벽함은 이때에 거의 완성되었다고 보아도 무방하다. 이와 같은 기능적 완성도 때문인지, 전쟁 중에 영국과 프랑스를 폭격하는 데 사용된 역사도 가지고 있다.

한편, 영국의 케일리라는 사람은 각종 실험을 거듭하면서 비행이 가능한 날개의 모양, 크기 등을 연구하는 데 일생을 바쳤다. 또 새의

모형을 본떠서 하늘을 날 수 있는 글라이더를 제작하기도 했는데, 그 때에 만들어진 모형이 오늘날 비행기의 모체라 할 수 있을 만큼 유사한 모습을 갖추어서 놀라움을 자아낸다.

그 후 수십 년이 지나고 나서야 비로소 우리가 생각하는 비행기의 모습이 얼추 만들어졌다. 1891년, 독일인인 릴리엔탈은 자신이 직접 만든 글라이더에 올랐고, 마침내 비행에 성공했다. 최초의 글라이더 비행의 역사가 시작된 순간이었다.

비행의 방향을 자유자재로 조종하기 위해 글라이더에 비행키를 달기로 결심한 그는 수십 번의 노력을 거치며 글라이더 연구를 했지만, 1896년 8월 간절했던 날 꿈을 이루지 못하고 세상을 떠나고 말았다. 그러나 비행에 대한 그의 노력과 집념은 훗날 라이트 형제가 동력 비행기를 발명할 수 있게 하는 토대가 되기에 충분했다고 볼 수 있다.

21

동력을 가진 비행기, 라이트 형제의 등장

레오나르도 다빈치의 이론과 비행 형태가 기구와 비행선, 글라이더로 점차 구체화되어가던 비행기의 역사는 마침내 발동기 엔진을 장착한 본격적인 비행에 대한 착상으로 나아간다. 하지만 이것은 20세기에 이르러 비로소 실현되었다.

1903년 12월 17일 인류의 역사가 만들어지고 난 뒤, 동력에 의한 비행이 최초로 성공했다. 사건의 주인공은 바로 항공기의 아버지로 일컬어지는 라이트 형제였다. 이들 형제 이전에도 여러 인물들이 비행기를 제작하며 하늘을 날기 위한 시도를 끊임없이 해오긴 했지만, 동력을 가진 유인 비행은 이날, 라이트 형제에 의해 비로소 첫 성공을 거두었다.

미국 노스캐롤라이나 주의 키티호크 해안의 모래 언덕 '킬 데블'에서 동생 오빌이 먼저 12초 동안 36m를 비행한 후, 형 윌버가 59초 동안 260m를 비행하는 데에 성공했다. '라이트 플라이어-1'로 명명된 이 비행기의 초기 속도는 시속 48m에 불과했지만, 이후 세계적으로 비행기가 경쟁적으로 개발되는 신 풍속도의 계기를 마련했다.

자전거를 만들거나, 수리하던 라이트 형제는 독일의 릴리엔탈이라는 사람의 연구 자료에서 여러 가지 모순점을 발견하기도 했다. 이에 형제는 여러 모순점들을 점검하고, 공기역학을 실험할 수 있는 장치를 제작해내었고, 결국 라이트 플라이어 1호를 제작할 수 있었다. 그러나 플라이어 1호에는 방향타, 승강타가 없다는 단점도 있었다.

이후 1호기는 네 번째 비행을 한 후 추락했고, 이어 제작한 2호기는 80회의 비행을 마칠 수 있었다. 그 중 최고 기록은 5분 4초 동안의 4.4km 비행이었다. 라이트 형제가 제작한 비행기 중 가장 의미 있는 것으로 평가되는 플라이어 3호는 보통 20마일을 비행했다고 알려지고 있으나 아주 정확한 자료는 없다. 이 비행기는 비행 시마다 약 30분 이상을 날았던 것으로 전해진다. 이로써 새처럼 날고자 하는 인류의 꿈은 마침내 완벽하게 실현되었다.

▲ 라이트 형제. 왼쪽 윌버 라이트(형), 오른쪽 오빌 라이트(동생)

▲ 라이트 형제의 라이트플라이어

경쟁적인 항공기 개발과 상업화

〈제1차 세계대전과 항공기 개발의 경쟁적인 풍속도〉

항공기가 처음 만들어질 때만 해도 전쟁에 비행기술이 이용될 수 있다는 것은 상상하지 못했을 것이다. 그저 인간의 날고 싶다는 욕망, 그것을 실현시키고 싶은 꿈 많던 이들에 의해 항공기는 완성될 수 있었다. 그러나 제1차 세계대전이 발발하면서 항공기는 공격적인 무기로 급부상하기 시작했다. 물론 전쟁 초기에는 정찰용으로만 사용되었다.

그러나 인간이 직접 적지에 침투해 위험부담을 가지고 목숨을 잃을 수도 있는 방법을 대신해 항공기에 기관총을 장착하면 공중전을 통해 승리를 거머쥘 수 있다는 착상은 마침내 공격 무기로서 비행기를 현실화하기에 이르렀다.

최고 시속이 106km를 자랑하던 1914년식 블레리오 X1부터 시작해, 1917년에 제작된 스파드 S13은 220마력의 엔진을 장착하고 최고 고도 6,650m에 최고 시속 222km를 자랑하던 항공기였다. 더 이상 사람을 태우는 데 주력하지 않는 비행기였다.

비록 비극적인 역사 속에서 항공기의 기술력은 극대화 되었지만, 사실 오늘날에도 항공기의 최대 수요처는 국방 분야이다. 아무래도 제작 기술이 세계대전을 거치며 발전을 했기 때문에, 본격적인 실용화 단계에서부터 군용 기술과 관계를 떼려야 뗄 수 없는 것이다.

전쟁이 끝나면서 세계 선진 각국은 항공기의 상업화를 적극 모색하게 된다. 1920년 당시 유럽에는 20여개의 중소 규모 항공사가 설립되었고, 미주 지역에는 내셔널 항공 등 무려 10개에 이르는 항공사가 탄생하게 된다. 유럽에서는 1919년 최초의 상업 비행기로서 '안네리제'라는 비행기를 이용해 군용이었던 비행기의 이용 목적을 상업적으로 탈바꿈 했다. 이 비행기의 첫 상업적 비행은 승객 8명을 태우고 이동한 것이 성공해 이후로도 상업화 속도에 열을 올리게 되었다.

미국에서는 여객용보다는 우편물 수송이 먼저 비행기의 상업화에 이용되었다. 그런데 이와 같은 비행기의 상업적 목적 가담이 빛을 발하기도 전에 경영 1년을 넘기지 못하고 도산하는 중소형 항공사 때문에 한동안 비행기의 상업화는 먹구름이 낀 상황을 면치 못했다. 거기에 승객들마저 비행기에 타는 일을 꺼려해 이와 같은 악순환은 한동안 지속될 수밖에 없었다. 그럼에도 불구하고 오늘날처럼 비행기가 상업적인 목적으로서 성공적인 형태를 완성할 수 있었던 것은 이때의 어려움에 굴하지 않고 꾸준히 사업을 이어간 선진국들의 노력이 있었기 때문이었다.

〈장거리 비행 성공〉

제1차 세계대전을 거치며 상업화된 비행기들이 속속 개발되고 안착되는 분위기 속에서 세계 항공 역사 역시 새로운 사건들로 한 장 한 장 채워지고 있었다. 1919년 5월, 미국의 해군이었던 리드 소위 팀은 커티스 수상비행기를 타고 대서양 횡단에 성공했다. 같은 해 7월에는 손 알콕 대위와 브라운 중위가 폭격기였던 빅커스 비미를 타고 뉴펀들랜드의 세인트존 섬에서 영국의 클리프덴까지 1,890마일을 한 번에 횡단하는 기록을 세우기도 했다.

비행기를 탄 사람들의 신기록들은 계속해서 탄생했다. 1927년 5월에는 미국의 우편물 수송 비행사였던 24세의 청년 찰스

▲ 찰스 린드버그

린드버그는 혼자서 대서양을 횡단에 성공한다. 무려 무착륙 횡단이었다. 린드버그의 대서양 횡단은 사상 99번째이긴 했지만, 뉴욕과 파리라는 대도시를 잇는 비행으로 거리가 3,614마일로 그때까지 기록으로는 최장 시간의 논스톱 비행이었다. 무엇보다 33시간 29분의 사투를 벌인 단독 비행이었다는 점에서 세계 항공사에서 높이 평가되고 있다. 이때 횡단을 위해 선택된 비행기는 스피릿 오브 세인트루이스라는 비행기였다. 대서양을 단 한 번의 착륙도 없이 혼자서 횡단한 린드버그의 시도는 미국의 항공 산업 발전에도 커다란 영향을 주었다.

〈제트 여객기의 탄생〉

전쟁의 발발은 항공기의 발달에 영향을 미치는 주요 요인이었다. 2차 세계대전을 시작으로 제트 엔진이 개발되면서 제트기의 탄생에도 영향을 미치게 되었다.

1937년, 프랭크 휘틀이라는 영국인이 제트 엔진을 발명했고, 같은 해 독일의 한스 폰 오하인도 제트 엔진을 개발하는 데 성공하며 제트기의 발전을 가속화 했다.

이 때 개발된 엔진은 그대로 적용될 순 없었고, 2차 세계대전이 끝나갈 무렵 독일에서 실용적으로 사용 가능한 전투기인 메사슈미트 Me 262를 제작해 사용하면서 본격적인 제트기 시대가 열렸다고 볼 수 있다. 전쟁이 끝난 후 이번엔 영국에서 코멧 1호기를 생산하며 제트 여객기의 시대를 열었다. 코멧 1호기는 세계 최초로 제트 엔진을 탑재한 여객기로서 시험 비행에 성공한 뒤 승객 36명을 태우고 시속 730km로 런던~요하네스버그 노선을 성공적으로 취항했다.

마침내 항공기가 기존에 있었던 교통수단 못지않게 이동과 편리성에서 월등한 면을 자랑하며 입지를 다지는 순간이었다. 전 세계 항공 업계들 역시 코멧기가 많은 이들의 시간을 절약해줄

뿐만 아니라 경제적이고 안전하게 정각에 도착지로
데려다준다는 사실에 크게 놀랐으며 본격적으로 제트 여객기
개발에 착수하기 시작했다.

　그러나 이와 같은 영광의 시절도 무색하게 코멧기는, 첫 취항
뒤 약 1년만인 1953년 캘커타에서 공중 분해되는 참극을
맞이하게 되었다. 이 참사 이후 약 4년이 지난 1958년 10월 26일
미국의 보잉사가 개발한 B-707이 뉴욕과 런던을 오가는 비행을
성공하면서부터 비로서 완전한 의미의 제트 수송기 시대가
열리게 되었다.

개인 항공기

　SF 장르의 영화나 책 속에 자주 등장하는 소품 중 하나가 바로 현재의 자동차처럼 공중을 날아다니는 개인용 이동수단이다. 이처럼 공중을 날아다니는 자가용 형태의 개인 항공기를 전문 용어로는 PAV라고 한다. (Personal Air Vehicle의 앞 글자만을 따서 만들어진 줄임말이다.) 풀어쓰자면, '개인용 비행체'라는 뜻으로 우리가 흔히 도로에서 이용하는 자가용처럼 하늘을 나는 개인용 이동수단이라는 의미를 담고 있다.

　개인용 항공기의 개념은 아직 우리에게 익숙하지 않지만, 차세대 이동수단으로서 과학계는 물론 산업체에서도 심도 있게 연구와 발전을 이어가고 있는 실정이다. 자가용 항공기의 발전은 더 이상 '탈 것'으로서 항공기를 이용하는 기능적인 차원이 아니다.

　소재, 전자, 자동차 산업, 항공 산업의 발달과 항공기에 대한 운용 노하우 등을 바탕으로 안전성을 확보하고, 인간의 편리한 운송 수단의 요구를 충족시키기 위해 만들어진 개념이라고 보아야 더 정확할 것이다. 특히 자동차처럼 운행하는 방식은 쉬우면서 목적지까지

편리하고 빠르게 비행기처럼 이동하는 장점을 극대화한다는
점에서 생활의 편의는 물론 삶의 질과 발전이라는 측면이 강조될
수 있다.

물론 이러한 개인용 항공기는 일반적인 소형 항공기와는
다르다. 이들은 적은 소음, 자동차 운전과 같은 조작의 용이함,
높은 연비, 상대적으로 높은 대체 연료의 사용, 짧은 이착륙 거리,
높은 자유 이동성, 비교적 장거리의 운행 가능 거리, 전천후 시
이용 가능성 등등 모든 면에서 활용도와 기술적 측면이 소형
항공기의 특징과는 구별되는 장점을 지니고 있다.

이와 같은 놀라운 기술력을 접목해 생활의 차원을 높여줄
개인용 항공기가 상용화되기 위해서는 무엇보다 대도시에서
초고층 빌딩 사이에서 날아다닐 수 있는 신개념을 적용시킬 수
있는 새로운 방식의 활주로와 법적 체계, 접근성과 가격 등등이
먼저 해결되어야 할 것이다.

즉, 지금 대도시의 자동차 수보다도 더 많은 비행체가
3차원으로 운항을 하기 위해서는 새로운 항공교통 규정의 제정이
필요할 것이다. 서로 부딪치지 않고 안전하게 운항할 수 있도록
하늘의 길들이 규정되고, 상하좌우로 문제없이 이동할 수 있도록
운항절차가 정해질 필요가 있을 것이다.

또한 운항을 위한 자격증이나 정비기준, 항공교통 관제를 위한
준비도 필요할 것이고, 각종 육상, 해상, 공중 운송체에 대한
운영규정도 통합적인 검토와 조정이 필요할 것이다.

현재 세계 각국에서 PAV를 개발하기 위한 연구가 개인이나,
기업, 국가기관 등에서 활발히 이루어지고 있다. 자동차 형태를
비행기 형상으로 개조한 것과 비행기 형태를 자동차 형상으로
개조한 것, 헬기나 틸트로터와 같은 수직이착륙 형상의 PAV 등이
있어 언론 및 방송에서 보도되고 있다.

국내에서도 지식경제부 주관으로 PAV에 대한 타당성 연구가
진행되고 있는데, 수송체에 대한 기술 분석과 후보개념 연구를

▲ 도심의 하늘을 날아다니는 개인용 항공기 모습 조감도

비롯하여 경제성 분석, 단계별 개발 목표 설정 및 로드맵 수립
등에 대한 사전연구 등을 포함하고 있다.
　현재는 각 개인이 과거의 대형 컴퓨터보다 더 성능이 좋은
개인용 컴퓨터를 사용하고 있고 각 가정마다 자동차를 갖고
있듯이 아마도 20년이나 30년 후에는 개인이 PAV를 보유하고
도심 하늘을 자유롭게 날아다닐 수 있는 그런 시대가 오지 않을지
항공 과학의 전망을 기대하는 이유이다.

산업용 항공기(화물 항공기)

처음 비행기는 사람의 날고 싶은 욕망 때문에 생겨났지만
오늘날에는 비행기를 통해 보다 빠르고 안전하게 국가 간 물류를
전달하는 역할도 해낼 수 있게 되었다. 이를 화물 항공기라고
하는데, 즉 이 항공기는 화물 운송을 담당하며 운항과 동시에
화물 운송 업무를 동시에 수행할 수 있는 기업이 화물 항공사를
운영하고 있다.

수송기라고도 칭하는 호칭은 군용과 민간용 모두 사용되지만
화물기라는 호칭은 민간 항공에서만 사용한다. 군용기에서
수송기라고 부르는 경우, 민간 여객기에 가까운 인원 수송용
항공기를 포함하기도 한다.

앞서 잠깐 설명한 바 있지만 항공 수송은 복잡해진 산업 구조
속에서 보다 빠르고 안전하게 국가 간의 필요한 물류 상품을
전달하는 역할로서 오늘날 반드시 필요한 산업 분야이다. 뿐만
아니라 물류상품의 흐름을 관리하고 제어하는 네트워크, 에너지,
정보 생산 소스 등을 시장에 제품화, 서비스화 해서 내놓는다는
점에서 단순히 이동성만을 강조할 수 없는 독특한 시스템을
지니고 있다고 할 수 있다.

현재 국내에서 운항 중인 화물 항공사는 '에어 인천'이다.
대한민국의 유일한 화물 항공사로 허브 공항은 인천국제공항이
있다. 운항 기종은 보잉 737-400F 화물기로 운항하고 있으며,
운항 구간은 인천국제공항에서 중화인민공화국과 러시아의
사할린으로 오가는 화물 노선을 운항하고 있다. 주 화물 수송
목적은 긴급 목적형이나 소량 위주 화물 수송으로 편성되고 있다.
운항 기종에 대한 사진 및 자세한 내역은 항공정보포탈시스템 및
기체 검색을 통해 살펴볼 수 있다.

한편, 항공화물운송의 일반적인 절차는 화주가 화물의 품목,
수량, 중량 및 출하예정일, 비행편 등을 예약하면
항공화물대리점은 항공사에 선적예약을 하고, 해당 화물을
지정된 일시에 인수, 세관까지 운송한 뒤 통관절차를 거쳐

수출신고수리가 되면 보세구역에서 일시 장치 후 기내에
적재한다.

　항공화물운송에 관하여 항공사 등을 대리하는 대리점으로서는
다음과 같은 유형이 있다. 자세히 알아둘 필요는 없으나 개념을
파악하고 항공 운송의 흐름을 이해하는 자료로서 이해하도록
하자.

〈항공화물운송대리점〉

　항공화물운송대리점은 항공사 또는 총대리점을 위하여
유상으로 항공운송 화물운송계약체결을 대리하는 사업으로서
일반대리점을 말한다. 즉, 항공사를 대리하여 항공사의 운송약관,
규칙, 항공운송운임요율, 스케줄에 의거하여
항공화물운송서비스의 판매, 항공화물운송장을 발행하며 이에
부수되는 업무를 수행하고 소정의 수수료를 항공사로부터
받는다.

〈항공운송주선업자〉

　　항공운송주선업자는 일종의 혼재업자로서 수요에 응하여
유상으로 자기의 명의로써 항공사의 항공기를 이용하여
송화인의 화물을 혼재하여 운송하는 사업을 말한다. 주선업자는
자체운송약관과 항공운송운임요율과 운송약관을 가지고
항공운송 주선업자 항공화물운송장을 발행하여 운송계약을
체결한다.

　　그러나 운송수단인 항공기를 갖고 있지 않으므로 집화한
화물을 운송하기 위해서는 항공사발행 화물운송장에 의해 주선
업자를 송화인으로 하여 항공사와 운송계약을 체결해야 한다.

　　항공운송주선업자는 항공사의 대리인으로서 송화인을 위한
화물의 예약, 혼재, 트럭운송, 포장, 통관 관련서류를 작성하며,
항공사는 주선 업자에게도 대리점과 같은 수수료를 지급하고
있다. 위와 같은 항공 운송 시스템에 대해 각 국가 및 산업체들은
다음과 같은 국제 조약을 통해 국제 운송을 원활히 하는데
동의하고 있다.

〈항공운송에 관한 국제조약〉

 국제항공운송에 관한 주요 내용을 담은 조약은 비행기의 발달
역사가 산업과 맞물리면서 필요해졌다. 이에 따라 1929년 10월에
'항공물품운송을 위한 와르소 규칙'이 제정되고 1955년에
개정되었으며, 그 후 1975년에 몬트리올에서 '항공 및
육로운송법'으로 발효되었다.

 1929년의 조약을 원조약, 1955년 협약을 개정조약으로,
그리고 1975년 협약을 비국제운송 규칙으로 통칭하여 부르고
있다. 모든 조약에 대한 상세한 이해는 지나치게 까다로우므로
여기서는 중요 부분만을 언급하여 항공 운송에 관심이 있는
독자들에게 참고 자료로 제공한다.

 위의 원조약과 개정조약은 국제운송의 개념에 관해서는
동일하다. 또 운송계약당사자간의 합의에서 출발지 및 목적지가
협약에 가입된 당사국의 영역에 속해 있는 두 지점 사이의
국제운송에 적용하고 있다. 이 때, 제3국의 영역에 있는 지점에
기착할 것을 합의하고 있는 경우도 같다.

 원조약의 당사국간의 운송은 그 협약에서 정의하고 있는
국제운송이라 할 수 있으므로 원조약에 의하여 규제된다. 한편
개정조약에서 당사자 간의 운송은 개정조약에 의하여 규제할 수
있다. 그러나 원조약의 당사국과 개정조약의 당사국간의 운송은
원조약에 의하여 규제된다.

 한편 물품이 한 나라에서 다른 나라로 운송되었을 경우에 그
나라가 조약당사국이 아닌 때에는 원조약 또는 개정조약의
국제운송의 범주에 포함되지 않으므로 이를 비협약운송이라
하여 비국제운송규칙이 적용된다. 이 규칙은 개정조약의 조항과
유사하며 소수조항에서 차이가 있을 뿐이다.

여객용 항공기

일반적으로 여러분들이 가장 많이 이용해보았을 항공기가 바로 여객용 항공기다. 우리가 여행을 가는 등 다른 국가나 지역으로 이동하기 위해서 공항을 찾아 이용하게 되는 항공기가 바로 여객용 항공기, 바로 여객기다.

인류 최초의 여객기는 1930년대 러시아의 '볼쇼이 발티스티'라는 비행기다. 승무원 2명과 승객 7명이 탈 수 있었다고 한다. 그 후 이 비행기를 좀 더 개량한 '르 그랑'이라는 비행기가 생산되었는데, 이 비행기에는 객실 의자, 소파, 화장실, 심지어 난방 장치까지 있었다고 한다.

제1차 세계대전 후 비행기 기술이 급격히 발전하면서 1952년 영국에서 좀 더 발전된 '도니어 코멧'이라는 세계 최초의 단엽 여객기가 나왔는데 이 비행기는 전체가 금속으로 되어 있었다고 한다.

앞에 언급한 것처럼 일반적으로 여객기는 사람을 태워 나르는 민간 항공기이다. 여객기의 정의는 국가에 따라 약간씩 다르지만, 조종실과 따로 떨어진 여객 전용실을 가지고 20명 이상의 승객을 태울 수 있거나, 자체 중량 5만 파운드 이상의 비행기를 말한다.

지금까지 취항한 여객기 중 이름이 남아있는 여객기로는 1970~2003년까지 취항한 콩코드기, 1968년부터 취항한 2층 갑판의 보잉 747기와 보잉 707기, 에어버스사의 DC-10기 등이 있고, 1960년대에 이르러서 초대형기와 초고속기의 제작 기술이 개발됨에 따라 300~500석 정도의 대형 제트여객기가 많이 개발되었다. 2006년에는 보잉 747과 달리 완전한 2층 객실로 이루어진 에어버스 A380이 취항하였다. 여객기마다 일정 고도를 유지하면서 날아가는데, 국내선의 경우는 최소 7,000~8,000m, 국제선의 경우는 1만m 내외까지 올라가서 날아간다. 우선 낮은 고도로 비행할 시에는 지상에 있는 사람들에게 소음으로 인한 피해를 주기 때문이기도 하지만, 주된 이유는 공기의 저항을 줄이기 위함이다.

▲ 대한항공에서 운항중인 A380 항공기

여객기는 일반적으로 1등석(프리스티지석), 2등석(비지니스석), 3등석(이코노미석 : 일반석)으로 구분한다. 국제선의 경우는 3개 클래스의 좌석으로 나뉘지만 국내선은 일반적으로 2등석과 3등석으로 구분되어 있다. 국내선에서는 비행하는 동안 대개 음료 정도가 제공되지만, 국제선에서는 식사, 음료는 물론 다양한 영화 및 음악 채널을 포함한 즐길 거리가 제공되며 일부 여객기에서는 게임 및 위성 전화도 제공된다.

여객기 제작은 특수 분야이기 때문에 돈이 많이 있다고 공장을 지을 수는 없다. 세계의 곳곳 러시아, 브라질, 캐나다 등에 소규모 여객기 제작사가 있지만, 미국의 보잉사와 유럽의 다국적 기업인 에어버스사가 여객기 제작 시장을 평정하고 있다.

항공 산업은 연구 개발에 돈이 많이 들어가므로 수지를 맞추기가 쉽지 않다. 그래서 공룡 기업인 양사는 각각의 정부(미국과 유럽연합)로부터 세제 또는 금융 보조를 받고 있는 것으로 알려져 있다.

오늘날에는 유지비가 많이 드는 구형 여객기가 점차 사라지고 있는 추세이다. 수명이 다한 여객기는 미국의 모하비 사막에 있는 모하비 우주공항(비행기 묘지)에서 끝을 맺게 된다.

공무용 항공기

　공무란, 여러 사람에 관련된 일 특히 국가나 공공단체와 관련된
일이다. 항공기가 공무적 성격의 일을 수행하는 일을 도울 때
우리는 이를 공무용 비행기라고 부르곤 한다.

　일반적으로 공무용 비행기란 국가의 주요 업무를 돌보는
이들이 사용하는 공무 성격을 담은 항공기라고 정리해볼 수 있는
것이다. 즉 공공의 이익과 목적을 위해 보다 안전한 이동
수단으로서 사용되는 항공기이다. 대통령 전용기가 바로 이
분류에 속한다.

　우선 대통령 전용기의 역할은 '대통령을 중심으로 정부 요인
등의 수행원들이 해외 순방과 같은 국제간 장거리 이동을 위해
사용되는 전용 항공기' 라고 정의를 내릴 수 있다. 대한민국을
비롯해서 미국, 중국, 일본 같은 주요한 나라들은 물론
아프리카나 대양주 국가들 같이 못사는 나라들도 보통 대통령
전용기를 보유하고 있다.

　'대한민국 공군 1호기' 또는 '코드 원' 이라고 불리는
대한민국의 대통령 전용기의 기종은 B747-8i이다. 항속거리는
14,815km라고 한다. 하늘 위의 청와대라고 불리며, 대통령의
이동시에 사용된다.

　그러나 사실은 전용기라기보다는 '전세기'라는 표현이 맞다.
2021년 11월부터 새로 비행하는 코드 원은 5년(2021 ~
2026년)계약으로 임차했으며 비용은 약 3천억원으로 알려져있다.
2021년 10월까지 사용한 B744(B747-400)은 이명박 정부 당시인
2010년부터 2015년 4월까지 5년간 대한항공에서 장기임차한
전세기인 744를 맞춤형으로 개조한 것으로 코드 원의 5년간
사용료는 1천 157억 원 수준이며, 임차비용은 분기당 64억 원
정도였다고 한다.

　코드 원은 기장과 부기장 1명씩 2명이 탑승하는 민간
항공기와는 달리, 기장만 2명이 배치되어 있다. 코드 원의
조종사는 처음에는 보잉 747기 운항 경험이 많은 대한항공 소속

▲ 대한민국 공군 1호기인 코드 원

기장이었지만 현재는 공군 조종사가 맡고 있는 것으로 전해지고
있다.

또한 취재기자를 비롯해 신분과 소속을 막론하고 전용기에
따라 타는 사람들은 모두 항공요금을 내야 한다. 일반 여객기보다
당연히 비싼데, 그 이유는 일반 744보다 좌석수가 적기 때문이다.
(항공요금은 비행기 기준으로 책정)

그리고 대통령 전용기만의 특별 기내방송도 특징이다. 이륙 전
기내에서는 다음과 같은 특별 안내 방송이 나온다고 한다.

"대통령님, 그리고 여사님 안녕하십니까? 저는 대통령님과
여사님을 순방국 XX까지 모시고 갈 기장 XXX입니다.
대한민국을 위해 이번 순방에서 커다란 결실을 맺어주실 것을 온
국민들과 함께 성원합니다."

또한 코드원은 비상사태에 대비해 청와대, 군과 직접 연결하는
국가지휘통신망도 갖추고 있다. 따라서, 일반인이 지상에서 볼 수
있는 기회는 극히 드물고, 공군과 관제소에서만 대통령 전용기의
노선과 항로를 알 수 있다. 성남에 주기한다는 말이 있지만
확실하지는 않다.

또 하나의 전용기 기종은 B737로 전두환 대통령 시절에
구입했다.

국내나 가까운 근거리 공항에 주로 다니며, 대통령의 원거리
출타 시에는 국적항공사에서 특별기편으로 출타하는 방식을
주로 쓰고 있다. 현재는 VIP 수송기가 되어버렸다.

대통령 특별기는 김대중 대통령 이전에는 무조건 대한항공을
이용하였으나, 김대중 대통령 재임 시 대한항공과 아시아나
항공을 번갈아 이용하였으며, 노무현대통령 취임이후에는 두
항공사 모두 공개입찰방식을 통해 선정하는 방식이지만, 사실상
번갈아서 이용했다고 한다.

특별기로 선정이 되면 집무실, 침대 등의 대통령 편의시설과,
프레스룸등과 같은 개조를 거친다고 한다. 또한 특별기의 기장,
부기장, 승무원들은 회사 특별 선발절차를 통해 선발이 되고.
소정의 특별교육도 이수해야 한다.

그렇다면 전용기의 서비스를 담당하는 승무원들은 누구일까.

대통령 전용기 승무원들은 대한항공 승무원과 아시아나항공
승무원들이 탑승을 한다. 같이 탑승을 하지는 않고, 번갈아가면서
대통령 전용기의 승무원으로 지정되고 있다.

또한 대통령 전용기에 탑승하게 될 승무원들은 대한항공과
아시아나항공에서 일명 '에이스'로 선정된 뒤 청와대 경호실에서
신원 조회를 한 후 선발 되며, 당연하게도 일반 객실승무원
근무보다 많이 힘들다고 정평이 나 있다. 게다가 금전적인 보상이
더 높은 것도 아니다.

그렇지만 좋은 기회와 경험이 되며 승진하는데도 가산점이
된다. 또한 명예로운 자리와 근무라고 생각을 하기 때문에
승무원들 모두가 원하는 근무라고 전해진다. 만약 근무를 잘하고
대통령이 만족해한다면, 대통령 임기 5년 내내 대통령실을 담당
할 수 있는 기회도 생긴다.

대통령 전용기로는 미국의 에어포스 원도 유명하다.

　에어포스 원, 즉 공군1호기는 미 공군이 운용하는 대통령
전용기를 가리킨다. 미 공군은 1962년 이래 대통령 전용기로
보잉 707을 VC-137이란 명칭으로 장기간 사용해오다가 기체의
노후화 및 소음문제로 인하여 교체할 필요를 느끼게 되었다.
후보기종으로는 MD DC-10과 보잉 747이 떠올랐는데, 1986년
6월 보잉 747-2B 2대를 VC-25A란 명칭으로 후계기로 채택했다.
　이 여객기는 항속거리 11,000km가 되고 따라서 장거리 비행
시 급유 위해 중간에 기착하는 시간을 줄일 수 있으며 이것은
기본적으로 민간형과 구조가 같지만 엔진은 GE사의 CF6-
80C2B1 추력 25,740KG의 터보팬 엔진을 탑재하고 있는 것으로
알려져 있다.
　또한 대통령이 세계 각처와 연락을 취할 수 있도록 통신장비를
탑재하였는데, 엔진을 끄고 장시간 지상에서 계휴할 때
통신기능을 유지하도록 APU를 2대를 장비 하고 있다. 또한
통신비로 비화장치, 암호장비 등을 장비하여 전성의 길이가
384km에 달해 747 민간형에 비해 약 2배에 이른다.
　내부에는 대통령의 집무, 휴식 공간, 수행원 및 보도기자석,
에비승무원석이 실지되어 있으며 승부원 23명과 승객 78명이
탑승할 수 있다. 바닥에는 100명이 7일 동안 생활하는데 필요한
식량을 저장하며 장시간 여행에도 부족하지 않은 음식들을
제공한다. 식량은 약 4.5톤 정도를 실을 수 있다.

전투용 항공기(군용 항공기)

군사적인 목적을 띠고 사용되는 항공기이다. 공중 전투와 지상
공격 등의 임무를 수행하는 전투기, 지상 폭격의 임무를 맡는
폭격기, 주로 지상공격 임무를 수행하는 공격기, 수송 임무를
맡는 수송기, 정찰임무를 맡는 정찰기 등이 있다.

군용항공기의 평상시의 권한, 법적 지위는 군함과 유사하다.
공해상에서는 해적선박을 단속할 수 있으며, 또한 해양법에 관한
국제연합협약에는 다른 특정의 해상범죄의 단속에 군함과 마찬
가지로 권리를 행사할 수 있다고 명기하고 있다.

또 전시 또는 무력 충돌 시에는 교전국 군용항공기는 군함과
마찬가지로 적대행위와 중립선박, 항공기를 포획할 권리를
갖는다. 한편, 교전국 군용항공기는 중립국 영공을 제외하고
어떠한 공역에서도 무경고 공격의 대상이 된다는 것은 말할 것도
없다. 단, 위생항공기는 군용항공기에 속하는 것일지라도
1949년의 제네바 제협약과 1977년의 제네바 제협약
제1추가의정서에 의해 특정한 경우에 보호, 존중된다.

전투기의 최우선적인 임무는 전쟁에서 최단 시간 내에
공중에서 우위를 달성하는 것이다. 전쟁에서 공중 우세가 중요한
이유는 적이 자유롭게 항공력을 운영하지 못하도록 하고, 아군은
항공력을 자유롭게 운영할 수 있도록 해 · 공군은 물론
지 · 해상군의 작전 성공 보장을 위한 선결 조건이기 때문이다.

항공기가 군사용으로 사용되기 시작한 이후, 공중우세는
항공력이 지향해야할 가장 우선적인 가치로 존재하여 왔으며,
항공력이란 이를 확보하고 유지하기 위하여 필요한 것이다.
각각의 전투용 항공기가 담당하는 임무에 따른 명칭과 설명은
다음과 같다.

공격기란 지상군에 대한 화력지원과 적 지 · 해상군의 전술적
목표물 파괴를 주임무로 하는 항공기이다. 오늘날 전투기가
다목적으로 발달되어 공군과 공군의 임무는 물론, 공군과
지상군에 대한 임무까지도 병행하고 있어 폭격기도 전술 목적의

임무를 수행할 수 있기 때문에 순수한 공격기로서의 구분은 다소 모호한 면이 없지 않다.

그러나 공격기는 근접항공지원 및 전장항공차단을 주 임무로 하고, 상황에 따라서는 일부의 항공후방차단 임무와 대함공격 임무까지도 수행할 수 있는 대지 및 대함공격 전용기라고 특정지을 수 있다.

폭격기(bomber)의 임무는 적의 전선 전방과 후방에 위치한 전략적 표적을 공격하는 것이다. 폭격기에 의한 폭격은 재래식 무장 또는 핵무기를 통해 이루어지며, 최근 공대지 미사일 개발에 따라 공중발사 순항미사일도 폭격에 사용되고 있다. 폭격기는 군사적 요구에 따라 전략적 혹은 전술적 목적으로 운용되는데, 전술적 목적으로는 특정지역내의 전장에서 적의 병력, 장비 및 시설 등 군사력을 파괴하는 것이고, 전략적 목적으로는 적의 군사, 산업, 정치 및 경제상의 핵심요소를 파괴하는 것이다.

정찰기란 현대전에 특화되어 있는 군용기라고 할 수 있다. 전쟁초기 최첨단 정밀무기를 사용하여 적의 전략 및 작전 중심을 파기함으로써 적의 전쟁수행 의지를 초기에 분쇄하여 전쟁에서 승리하기 위한 전략을 구사하고 있다. 이는 적의 상황을 손바닥 보듯이 알 수 있는 정보수집 수단의 구비 시 가능하게 될 것이다. 초기의 정찰기들은 대부분 기존의 항공기를 개조하여 광학사진 정보 수집 장비를 탑재 및 운영 하는 정찰능력이 매우 제한되었으나, 최근 고공정찰기의 등장과 함께 위성을 통한 광역정보수집체계 역할도 증대되었다.

© 대한민국 공군

45

Part Two

Who & What

조종사라는 직업은 9시부터 5시까지, 월요일부터 금요일까지
일하는 스타일의 직업이 아니다. 조종사는 때때로 밤에도 일하고
주말과 휴일에도 일한다. 그러나 일반적인 직장인들보다 훨씬
많은 날을 쉰다. 항공사에서 고참 기장이 되면 때때로 한 달에
7~8일 정도만 일하기도 한다. 신참 조종사의 경우 지방
항공사에서는 때로 3~5일 정도의 휴일이 있기도 한다.

조종사의 또 다른 매력은 도전이다. 조종을 한다는 것은 기량과
지식 그리고 순간의 결정 기술 그리고 손과 눈의 궁합을 필요로
한다. 바로 이런 점 때문에 정신력과 기량의 조합을 필요로 하며
이는 바로 여러분이 조종사라는 사실을 뿌듯하게 할 수 있다.
조종사의 사무실은 회사에서 가장 높은 곳에 가장 멋진 창문 밖

풍경을 가지고 있으며 조종사들은 일을 집에 가져가지도 않는다.

조종사는 항공기를 가장 안전한 방법으로 정시에 승객을
목적지까지 도착시키는 일을 담당하는 직업이다. 항공기
조종사에게는 비행시간이 가장 중요한 경력이 된다. 조종사는
여객기, 전투기, 경비행기 등을 조종하며 다양한 업무를
수행한다. 국내에서는 공군을 제외한 90% 이상의 조종사가
정기항공사에 근무하며 여객 및 화물 수송 업무를 담당한다. 소형
항공기를 제외한 대부분의 항공기는 두 명의 조종사가 조종하며
이 중 선임은 기장으로 비행에 관련된 모든 사항과 승무원을
책임지고, 부조종사는 기장과 함께 조종을 담당한다.

기장은 운항 관계 사항을 검토하고 출발 전에 운항로, 목적지,
비행시간, 기상조건 등 비행에 관련된 내용을 승무원에게
설명한다. 승객사무장의 보도 자료를 검토하여 탑승인원을
확인하고 출입문을 개폐한다. 목적지, 항로, 소속 항공사 등을
관제탑에 보고하고 이륙허가를 받는다. 비행기를 이륙시킨 후
부조종사의 도움을 받아 자동항법장치와 자동운항장치를
조정한다. 목적지에 도착하게 되면 관제탑의 유도를 받아
착륙하며 착륙이 완료되면 운항일지를 기록하고, 비행 중에
발생한 각종 설비의 문제나 이상 현상을 정비부서에 통보한다.

부기장은 비행에 필요한 제반 절차 및 서류를 준비하고 기상 및
운항에 관련된 자료를 확인한다. 항로, 기상 조건, 운항계획 등에
관하여 운항관리사와 협의한다.

또한 항공기의 외부 상태, 연료탑재량, 각종 설비의 정상 가동
여부 등을 점검하여 운항일지에 기록하고 항공기의 이 · 착륙 및
비행시 각종 계기의 수치를 확인하여 기장에게 보고하며
조종장치를 주시한다. 만일 기장의 조작 상황이 항공기의 안전
운항에 영향을 줄 정도로 위험하다고 판단될 경우에는 이의
시정을 건의하기도 한다.

이륙과 착륙 시 조종사는 각종 계기판의 수치와 주위 상태에

특별히 신경 써야 하며 기장과 부조종사는 긴밀한 협력 하에 조종
장치를 조작한다. 이외에도 조종사는 긴급사태나 예기치 못한
기상 변화에 대해서도 항상 준비가 되어 있어야 한다.

이러한 여러 가지 업무 특성으로 인해 조종사는 정신적인
피로를 겪기 쉽다. 급여 및 복리후생 등에서는 좋은 조건의
대우를 받을 수 있으며 전문성이 국제적으로 통용되므로 국내외
타 항공사로의 이직이 용이하다.

또 조종사들은 우선 비행기의 종류에 따라 크게 고정익
조종분야와 회전익 조종분야로 나눌 수 있다.

간단히 말해서 고정익은 우리가 흔히 말하는 비행기를
가리키고, 회전익은 헬리콥터를 말한다.

물론 같은 고정익 비행기라고 해도 수많은 여객과 화물을
운송하는 대형기를 비롯하여 자가용 비행이나 사업용 경비행기,
레포츠로 각광받는 초경량 항공기 등 종류가 다양하다.

아까 말했듯 조종사에게는 다양한 진로가 열려 있다. 그러나
크게 비행 교관과 항공사 조종사로 나누어 볼 수 있다.

〈비행 교관〉

사업용 면장을 취득하면 보통 비행시간이 약 200~300시간
정도가 된다. 그러나 이 정도의 비행시간으로는 일반적으로
Corporate 조종사나 Charter 조종사, 항공사 조종사가 되기에
부족한 시간이다. 그래서 비행시간을 쌓기 위해서 많은 사업용
조종사들이 교관 자격을 취득한다. 교관을 하면 새로운 학생
조종사들과 함께 교육을 하며 비행시간을 쌓을 수 있기 때문이다.

학생이 많아 바쁜 비행학교 교관의 경우 1년에 800시간 이상의
비행시간을 쌓기도 한다. 교관 조종사의 경우 교육 비행시간에
따른 시급으로 보통 받는다.

〈항공사 조종사〉

소형 항공사의 규모는 비행기 1대 조종사 2명의 작은 항공사
규모에서부터 10대의 비행기 30명의 조종사의 규모의
항공사까지 다양하다. 이는 몇 천 명의 조종사들로 이루어지는
항공사와는 달리 가족 같은 분위기로 일할 수 있는 장점을 지니고

있다. 소형 항공사의 경우는 여러 곳을 다니기 때문에 다양한
경험을 통해 조종사들이 만족해하는 정도가 비교적 높은
항공사이다.

운항부서에 따라 스케줄은 다양하다. 작은 회사의 경우 각
비행마다 대기하다 호출 받고 비행을 하기도 하고 큰 회사의
경우에는 스케줄을 미리 공시해서 운영하기도 한다. 평균적으로
소형 회사의 경우 1년에 약 200~350시간 정도 비행한다.

대형 항공 운송회사 역시 그 규모에 있어서는 천차만별이다. 몇
십대의 항공기부터 몇 백대의 항공기까지 그 소유 규모가
다양하기 때문이다.

또한 소형 항공사와 마찬가지로 스케줄은 운송회사의 규모에
따라 다르다. 일반적으로 운송회사 조종사들은 1년에 약
200~350시간의 비행을 한다. 큰 운송회사의 경우에는 1년에
800시간 정도를 비행하기도 한다.

큰 항공기를 운항하고 싶어 하는 조종사들은 대부분
소형항공사에서 그 시작을 한다. 소형 항공사에서 1년에 약
800~1000시간의 비행 경력을 쌓고 여러 평가 기준에 따라
기장으로 승진한다. 소형 항공사에서의 이러한 경험은 메이저급
큰 항공사에 입사하는데 중요한 자격 요건이 된다.

항공사 조종사의 보수는 메이저가 아닌 경우는 8,000만원에서
1억 정도의 연봉을 받지만 메이저의 고참 기장이 되면 3억까지의
연봉을 받기도 하는 것으로 알려져 있다.

제대로 된 교육을 받는다는 것은 조종사로서 성공하기 위한
아주 중요한 초석이다. 조종사로서 입사할 경우 회사는 지식과
기량을 체크한다.

전 세계적인 조종사 수요

보잉은 "2011 조종사와
기술자 전망" 이라는 발
표를 했는데 이 발표에
서 마찬가지로 조종사 고
용 증가 전망을 말하고 있
다. 보잉은 향후 20년 동
안 40,000대의 항공기 증
가를 전망했고 이는 전 세
계적으로 2030년까지 약
23,000명의 새로운 사업
용 조종사를 매년 배출해
야 한다고 발표했다. 이는
엄청난 양의 성장이고 이
로 인해 미국을 비롯한 각
국의 조종사 고용에 대한
압박이 되고 있다.

이러한 항공시장의 급속
한 팽창으로 더 많은 이들
이 조종사의 꿈을 이루러
도전하고 있다. 또한 현 교
관 조종사들이 항공사 시
장에 편입됨으로 인해 교
관 조종사의 수요 역시 증
가하고 있다.

회전익 VS 고정익 조종사

〈회전익 조종사〉

회전익 항공기란 우리가 흔히 말하는 헬리콥터를 가리킨다. 로터라고 불리는 날개를 회전시켜서 양력을 얻어 비행하는 형식의 항공기를 가리킨다.

이 회전익 항공기는 작은 면적에서 이착륙이 가능하고 복잡한 지형을 따라 느린 속도로 비행이 가능하며 한 곳에 머무를 수 있다는 특징이 있어 경찰 업무, 인명 구조, 화재 진압 등 다용도로 사용된다.

또한 특유한 비행 역학성 때문에 일반 항공기와 다른 비행 특성이 있다. 특히 수직 이륙, 수직 착륙, 공중 정지나 전후좌우로 기동하는 능력이 있으므로 지상전과 조합한 형태의 전술에서 핵심으로 사용된다.

헬리콥터 조종사가 되려면 대한항공, 아시아나항공의 민간정기항공사에서 선발하는 신입 조종훈련생이 되거나 조종사 경력이 있는 사람을 대상으로 하는 채용 시험을 통하는 방법이 있다.

신입 조종훈련생의 경우에는 4년제 대학교 졸업자로서 전공과 성별에 상관없이 선발하고, 경력조종사의 경우에는 공군조종사 등 여러 경로를 통해 비행경력을 쌓은 사람들을 대상으로 선발을 실시하고 있다.

헬리콥터 조종사로서 활동하기 위해서는 반드시 해당 면허를 취득하여야 하는데 면허를 발급받기 위해서는 교통안전공단에서 주관하는 운송용 · 사업용 · 자가용 조종사 면허시험에 응시하여 합격하면 된다.

항공기 조종사가 진출하고 있는 분야는 항공사, 항공화물회사, 교육기관, 보도기관, 정부기관 등이 있다.

군대의 경우 일정한 자격을 갖추고 후보생으로 선발되어 조종 훈련 과정을 수료해야 한다. 교통 관리, 사건 수사, 해로 및 육로 교통 감시 지원이 주요 업무인 경찰 헬리콥터 조종사가 되기

위해서는 경찰청 주관의 시험에 통과해야 한다. 또한 각종 재해, 재난 발생 시 즉각적인 구조 업무를 수행하는 소방 헬기 조종사가 되기 위해서는 지방자치단체에서 주관하는 선발과정을 통과해야 한다. 이들 시험에 응시하기 위해서는 적어도 1,500시간 이상의 비행 경력이 요구되는 것이 일반적이다.

헬기 조종사의 주요 업무를 간략히 정리하자면 다음과 같다.

- 승객이나 화물을 운반하기 위해 헬리콥터를 조종한다.
- 탐색, 구조, 항공측량이나 소독약의 분무, 농약살포와 같은 서비스를 제공한다.
- 부조종사는 필요시 기장의 업무를 수행한다.
- 새로운 장비의 사용, 기존 면허의 갱신 및 등급을 올리기 위한 시험 준비 훈련을 한다.

〈회전익 항공기의 장점과 단점〉

헬기는 비행고도의 제한이 있으며 속도가 마하를 넘지 못한다. 헬기의 사용처는 산불 진화와 인명 구조, 농약 살포, 관광, 방송 중계 등의 업무에 사용되고 있는데 양력 발생이 효율적이지 못해 대형 항공기로 제작하면 효율적이지 못하다.

정지비행이 가능하며 활주로가 필요 없으며, 전후좌우로 모든 비행이 가능하고 조종사의 시야가 넓어 조종이 편하다.

헬기 형태는 단열회전헬기, 동축역회전 회전날개, 직렬형 날개, 병렬형 날개가 있고 페네스트론과 노타 제트 반동식 헬리콥터가 있다.

헬리콥터는 일반적으로 테일로터(꼬리 회전날개)와 주 날개로 이루어져 있고 테일로터와 주 날개가 서로 연동되어 있어서 토크를 상쇄시켜 헬리콥터의 방향 안전성을 잡아준다. 그러나 꼬리 회전날개 자체가 가지고 있는 문제점, 즉 공기의 소용돌이와 연료 소모의 증가 등이 있어서 이를 개량하려는 노력으로 페네스트론과 노타 헬리콥터가 개발되었다.

노타 헬기의 원리는 테일로터 대신에 분사구에서 배출되는 배기가스를 이용해서 테일로터처럼 사용하는 방식이다. 페네스트론이나 노타 방식이나 모두 단일 로터(회전날개)식 헬기의 형태에서 단점을 보완한 형태이다. 단일 로터식 헬기의 장점으로는 조종 장치가 단순하여 중량이 적게나간다.

직렬 로터식 헬리콥터는 시누크 헬기라고 부른다. 이 헬기는 직렬로터를 장착하고 있으며 로터를 기체의 앞과 뒤에 놓고 반대로 회전시켜 각각의 토크를 상쇄시키는 방식이다.

장점은 무게 중심의 이동 범위가 크기 때문에 하중의 배치가 용이하다. 단점은 조종장치가 복잡하여 무겁고 전진비행 시 양력이 불균형하다.

병렬 로터식 헬리콥터는 좌우 양쪽에 로터를 설치하여 토크를 상쇄시킨다. 가로 안정성이 좋고, 기체의 전체 길이가 짧아지며

토크(torque)

회전날개가 돌 때 따라서 돌려는 힘. 헬기 동체가 흔들리는 원인이 됨

▲ 아시아나항공에서 운항중인 보잉(Boeing) B747 항공기

양력발생이 큰 장점이 있지만 전체적으로 기체가 커져서 항력이 커지고 세로 안정성을 위해 테일로터를 가져야 하는 단점도 가지고 있다.

〈고정익 조종사〉

고정익 항공기란 동체에 날개가 고정되어 있는 항공기 즉, 회전익 항공기를 제외한 전 항공기를 고정익 항공기라고 한다. 일반적으로 우리가 항공기와 조종사의 이미지를 떠올릴 때 가장 쉽게 떠올려 볼 수 있는 이미지가 바로 이 영역에 속한다.

고정익항공기의 대표적인 기종으로 훈련용 소형 비행기로 많이 쓰이는 C-172, C-208, PA-33 등이 있고, 자가용 제트기로는 BD-700, G-IV, G-V 등이 있으며, 운송용 대형항공기로 B737, B747, B777, A320, A380 등이 있다.

〈고정익 항공기의 장단점〉

마하의 속도로 비행할 수 있고, 장거리 비행이 가능하며 기체구조가 헬리콥터보다 단순하다. 대량 생산이 가능하여 다량의 기체를 생산할 수 있고, 주 날개는 미사일과 연료 보급장치를 부착하여 사용할 수 있다. 또한 플랩과 슬롯 등의 양력과 항력장치가 부착되어 양력 발생이 자유롭고 비행고도의 제한이 없다.

활주로가 필요하고, 이착륙속도에 제한이 있으며 수직이착륙이 불가능하지만 그중에는 해리어기처럼 수직 이착륙이 가능한 고정익 비행기도 있다.

날개의 모양은 가변익, 앞젖힘, 뒷젖힘, 이중날개, 가변날개의 모양이 있는데 고속비행 시 뒷젖힘 날개가 좋다.

단점으로는 조종사의 시야가 좁아 불편한 점이 있다. 이륙 시 활주로가 무조건 필요하고 한번의 비행에 연료가 아주 많이 소비된다. 그리고 비행 시 한쪽 날개를 잃으면 이론상으론 비행이 가능하지만 실제로는 추락하게 된다. 수식이착륙이 불가능하며 후진이 불가능하다. 연료 탱크는 주로 날개에 있어 외부의 공격으로부터 취약하다. 민간항공기는 주로 인테그럴연료탱크를 사용하고, 군용항공기는 셀탱크를 사용한다.

전투기 조종사

조종사의 분류 중 하나로 전투기를 조종하는 비행사를 말한다.
이들은 전투기를 조종하여 하늘에서 적의 항공기와 전투를
벌이는 공대공 전투 훈련을 받은 군용기 조종사이다.

전투기 조종사는 공중전 체계에 대해 교육을 받고
근접공중전에 관한 특별한 훈련을 받는다. 모든 전투기
조종사들이 전투를 경험하는 것은 아니며 적기와의 전투를
목적으로 하지만 지상에 있는 적군을 공격하기도 한다. 물론
지상을 폭격하는 폭격기 조종사가 따로 있다. 그래서 전투기
조종사라고 하면 일반적으로 적기를 상대로 전투를 벌이는
조종사를 의미한다. 그러나 A-10기처럼 지상의 탱크나 지상군
내지는 지상시설을 공격하는 근접 지원전투기도 있다.

전투기 조종사 중에서 '에이스'라는 칭호가 있는데 이는 적기를
5대 이상 격추시킨 조종사에게 붙는 영웅 칭호이다. 물론 국가에
따라 에이스의 기준이 다를 수 있다.

전투기 조종사는 험난한 교육과정과 까다로운 환경 속에서
근무해야 하는 군인임에도 불구하고 일반인들이 부러워하는
직업이다. 하늘을 지배한다는 이미지가 있고, 실제로 조종사를
육성하는 일 자체가 어렵다보니 더욱 선망의 직업이 되었다.
그래서 조종사가 적진에 고립되었을 시에는 구출하는 전담
특수부대가 따로 있을 정도로 국가가 인정하는 중요한
인재이기도 하다.

사실 전투기 조종사의 근무 환경은 상당히 가혹한데, 민항기가
다니는 높이보다 더 높은 고도에서 산소가 부족함에도 불구하고,
자기 체중의 수배에 달하는 중력가속도를 견뎌내며, 비좁은
조종석에 앉아 전투기를 조종해야 하기에 남다른 신체적 조건을
갖추어야 한다.

특히 전투기 조종사들은 전투기의 급격한 선회 시
중력가속도로 인해 하체로 피가 쏠리는 걸 막기 위해 복근을
비롯한 온몸에 힘을 주어 피가 아래로 쏠리는 것을 강제로 막는

L-1 호흡법 등의 훈련을 받는데, 이걸 배워 하체로 피가 몰리는 걸 견디어 내더라도 온몸에는 모세혈관이 터져 피멍이 드는 일이 조종사에게는 일상이라고 한다.

따라서 전투기 조종사는 일반적으로 격이 다른 파일럿으로 인식된다. 실제로도 2009년 1월 15일 허드슨 강의 기적이라고 불리는 US AIRWAYS 1549편 불시착 시에 전투기 조종사 출신 기장의 침착한 대처로 승객들이 무사할 수 있었다.

이렇게 어렵게 육성한 전투기 조종사들은 근무 환경이 훨씬 좋은 민항기 쪽으로 빠져나가는 경우가 많아 전투력 상실의 우려가 있기에 전투기 조종사들의 대우는 어떤 군인보다도 좋다고 할 수 있다.

조종사가 하는 일

전체 조종사의 5명 중 4명은 승객이나 화물을 수송하는
항공기조종사, 부조종사 및 항공기관사이며, 그 외에는 살충제
살포, 식림지 파종, 항공기 시험 운행, 포격 지휘, 범인 추적, 교통
감시, 부상자 구조 및 대피 등의 업무를 수행하는
민간조종사이다.

소형 항공기를 제외하고 일반적으로 조종은 두 명의 조종사가
하는데 한 사람은 기장이고 또 한 사람은 부조종사이다. 보통
선임자가 기장으로 비행기 운항을 맡으며 다른 승무원들을
지휘하고 통솔한다. 부조종사는 기장을 보조하며 위급한 상황이
발생하였을 때 기장을 도와 비행기를 조종하며 기장 사고 시에
기장을 대신하여 비행기의 운항을 책임진다.

기장 및 부조종사는 함께 관제탑과 교신을
하고, 계기를 감시하며, 항공기를 조종한다.
일부 대형 항공기에는 두 명의 조종사 이외에도
항공기관사가 함께 비행하며 계기 및 시스템
조작이나 감시, 간단한 기내 수리 및 다른
항공기 감시 등으로 조종사를 지원한다.

그러나 새로운 기술 개발로 컴퓨터
통제시스템이 이러한 일을 대신 함에 따라 신형
항공기에는 두 명의 조종사만이 근무하고 있다.
점차 기술적으로 정교하지 않은 비행기가
사라지고 있으므로 향후 항공기관사의
일자리는 점차 감소할 전망이다.

조종사는 이륙 전에 신중하게 비행 계획을
세운다. 또한 이들은 엔진과 조종 장치, 계기,
기타 시스템의 기능을 철저히 점검한다. 그리고
짐이나 수화물이 바르게 적재되었는지를
확인한다.

비행배차원과 항공기상통보관과 협의하여
비행경로와 도착지의 기상 상태를 확인하고,
이러한 정보에 기초하여 가장 안전하고 빠르고
편안한 비행을 위한 비행경로와 고도 및 속도를
선택한다. 시계가 짧을 때 운영하는 계기비행
규칙으로 비행할 때는 항공 교통 통제 하에
기장이나 이륙원이 다른 항공 교통과 조정하여
계기 비행 계획을 세운다.

이륙과 착륙은 비행의 가장 어려운 부분이며,
조종사와 부조종사의 긴밀한 협력이 요구된다.
예를 들어 항공기가 이륙하기 위해 가속을 낼
때 조종사는 활주로에 신경을 써야 하고,

부조종사는 계기판을 살펴보아야 한다. 이륙 시
조종사는 비행장의 고도와 외부 온도, 기체
무게, 바람의 속도와 방향 등을 고려하여 비행
속도를 계산한다. 이륙 속도에 도달하게 되면
부조종사는 조종사에게 알려 주고, 조종사는
조종 장치를 당겨서 비행기의 기수를 올리게
된다.

날씨가 좋으면 운항은 비교적 쉬운 편이다.
조종사는 자동비행장치와 비행통제컴퓨터를
사용하여 계획된 항로를 따라 비행하며,
통과하는 항공교통 통제기지의 통제를 받는다.

또한 규칙적으로 계기판을 확인하며
연료공급, 엔진상태, 대기상태, 유압 및 기타
시스템을 체크한다. 조종사는 환경 변화에 따라
비행 고도와 속도의 변경을 요구할 수 있다.
예를 들어 비행 승선감이 나쁘다고 판단되면
항공 교통 통제소에 연락하여 상태가 더 나은
고도가 있는지를 알아보고, 만일 가능하면
변경을 요청한다.

이러한 절차는 연료를 절감하고 속도를
높이기 위해서 더 강한 순풍이나 더 약한
역풍을 찾을 때도 사용된다.

이에 비하여 헬리콥터는 저고도의 짧은
비행을 하기 때문에 조종사는 나무나 교량,
전선, 변전소와 같은 위험한 장애물을 항상
주의해야 한다. 모든 헬리콥터의 조종사는
충돌을 야기하는 갑작스런 대기 변화를
감지하기 위해서 경고 장치를 계속하여
살펴보아야 한다.

▲▼ 항공기 조종석에서 기장과 부기장이 조종을 위해 준비하는 모습

헬리콥터 역시 시계가 짧으면 전적으로 비행계기에 의존해야 하는데, 고도계를 통해서 지상으로부터 얼마나 높이 날고 있는지, 산이나 기타 장애물을 안전하게 넘어갈 수 있는지를 확인할 수 있다.

특수 운항무전장치는 특수한 지도들을 통해 조종사에게 정확한 위치정보를 제공한다.

기타 정교한 장치를 이용하여 조종사가 활주로의 끝 지점 방향을 알 수 있으므로 전혀 보이지 않는 상태에서도 안전하게 착륙할 수 있게 된다.

착륙 후에는 이들의 소속기관과 연방항공국(FAA)에 제출할 비행 기록을 작성한다.

조종사에게 비행 이외의 업무는 이들이 고용된 업체에 따라 다르다. 항공사에 근무하는 조종사는 다른 많은 관리 직원들이 근무하기 때문에 조종 이외에 해야 할 업무는 거의 없다.

일부 조종사는 교관으로 활동하며 지상 학교에서 비행원리를 가르치고, 이중통제비행기나 헬리콥터의 실제 조종법을 가르친다. 특별 훈련을 받은 소수의 조종사는 시험관이나 시험비행사로 활동하며 다른 조종사나 조종사 면허취득 응시자의 조종사 적격 여부를 판정하기 위해 주기적으로 함께 비행한다.

항공관제 시스템

항공교통이 오늘날 안전한 교통수단으로 인정을 받고 있지만 이는 첨단과학과 합리적인 관제시스템이 있기 때문에 가능하다. 즉, 항공기를 운항하는 것은 우리가 자전거를 타고 다니는 것과는 완전히 다르다는 것이다. 자전거는 별다른 기술이나 정보나 장치가 없어도 안전하게 타고 다닐 수 있지만 항공기는 움직이기 시작할 때부터 멈추어 설 때까지 모든 것이 인간이 개발한 과학적 기술의 도움을 받아야만 한다. 어떻게 보면 항공교통이라는 자체가 과학기술 덩어리라고 봐도 되는 것이다.

이 덩어리를 효율적으로, 체계적으로 풀어 정리한 것이 바로 항공관제 시스템이다. 그래서 항공관제 시스템은 항공기가 비행하기 전에 땅위에서의 일들, 그리고 땅에서 이륙하여 하늘로 올라갈 때의 일들, 하늘에서 비행할 때의 일들, 하늘에서 땅으로 내려올 때의 일들, 그리고 마지막으로 땅위에 도착하고 난 뒤의 일들로 차례차례 나누어져 있다. 이 모든 과정에서 비행은 첨단과학 장비와 지상의 관제소, 그리고 조종사 간의 끊임없는 상호 연락과 정보 교환을 하면서 이루어진다. 여기에 오늘날에는 하나 더 첨가된 것이 바로 비행기 자체이다. 과학 기술의 발달로 오늘날 비행기는 로봇처럼 일정한 부분에 있어서는 스스로 탐지하고 스스로 연락하며 안전한 비행을 하는 일들을 함으로써 조종사나 관제사를 통하여 문제를 발견하고 해결하는 것보다 더 정확하고 신속하게 대처할 수 있게 되었다. 그래서 오늘날 항공교통은 항공관제 없이는 제대로 역할을 할 수 없는 것이다.

항공관제 시스템은 앞에서 말한 것처럼 지상에서의 일들을 관리하는 지상관제, 땅에서 하늘 혹은 하늘에서 땅으로 오는 일들을 관리 하는 접근관제, 그리고 하늘을 비행하는 비행항로관제로 나뉘어져 있다.

항공 교통 관제는 주로 영어나 관제탑이 있는 나라의 언어로 진행된다. 그러나 외국의 비행기는 거의 영어를 사용하기 때문에 관제탑 직원은 반드시 영어를 할 줄 알아야 한다.

〈지상관제〉

　주로 비행장에 있는 관제탑을 중심으로 일이 진행되는데
여기에는 비행기와 관련하여 지상에서 일어나는 모든 일들을
처리한다.

　■ 공항 관리
　공항은 비행기가 뜨고 내리는 곳으로 이 일은 비행 과정 중에서
가장 힘든 부분이라고 한다. 그래서 바람의 방향이나 속도를
점검하여 비행기에게 알려주며, 어떻게 이륙하고 착륙할
것인지를 통보하는 것은 물론이지만 특히 비행기의 이착륙과
관련하여 혹시라도 방해되는 일들이 생기지 않도록 공항
활주로 주변의 여러 가지 상황을 통제한다. 예를 들면,
비행기의 이착륙 때에 주변을 지나가는 자동차를 통제하며
공항 주변의 주차장을 관리하는 일 등이 있다. 특히 철새의
왕래가 빈번한 지역에서는 공항으로 날아드는 철새들도
관리하게 된다.
이러한 관리는 주로 관제탑에서 시각적 관찰을 통하여
이루어지지만 필요한 경우에 무선통신기를 휴대한 직원들이
나아가 관제탑과 상호 연락을 취하면서 작업을 하기도 한다.

　■ 그라운드 컨트롤
　말 그대로 지상관제인데 이는 공항 내에서 특히 비행기가
오고가는 활주로 및 활주로와 연결되어 있는 지역에서의 모든

움직임을 관리하고 조정하는 일들이다.

이 그라운드 컨트롤의 목적은 바로 비행기의 안전 운항을
위해서이다. 안전을 위해 활주로를 정리하고 비행에 방해가 될
수 있는 모든 사항들을 처리하여 안전 비행에 대비하고
유사시에는 지상의 구조인력을 동원하여 비행기 승무원과
여객의 안전을 확보하는 일을 하는 것이다.

활주로를 정비하고, 대기 비행기의 순서를 정하고 이동시키며
승객 탑승을 위한 차량의 운행을 통제하고 비상시에는
구급차를 대기시키는 등의 일을 한다.

공항은 크게 탑승객이 이용하는 지역과 비행기가 움직이는
지역으로 나누어지는데 공항 청사는 이 두 지역의 경계지점에
있다. 바로 탑승을 위한 탑승구가 이 두 지역을 연결하는
통로가 되는 셈이다. 일반인들은 비행기 탑승 이외의 목적으로
비행기가 움직이는 지역으로 들어갈 수 없다. 만일 급한 용무로
인하여 이 지역으로 들어가야 할 경우에는 반드시
지상관제소의 허가를 받아야 한다.

이 업무 역시 주로 관제탑에서 근무하는 사람들의 시각을
이용하여 일을 하는데 필요한 경우에는 직접 현장에 인력이
투입되기도 한다. 이들은 무전기를 가지고 다니면서 관제소의
지시대로 일을 처리한다. 그리고 밤과 같이 시야가 좋지 않을
경우에는 공항 표면을 감시하는 관제 레이더를 사용하여
작업을 한다. 앞으로 이러한 레이더의 역할은 더욱 활성화될
전망이다. 그런데 만일의 경우 무선통신기가 고장이 나서

관제소와 연락이 되지 않을 때에는 빛으로 신호를 보내
연락하는데 이는 비행기의 경우에도 마찬가지이다. 즉
활주로에 있는 비행기와 일반 통신수단을 통해 연락이 안 될
때에는 빛으로 서로 연락한다.

〈접근관제〉

이는 비행기가 이륙하거나 착륙할 때 유도하여 안전하게
착륙시키거나 이륙시키는 일로서 아주 긴박하게 진행된다.
비행기가 워낙 빠르게 움직이는데다가 지상의 기상변화는
수시로 변화하기 때문에 관제사나 조종사 모두 긴장하는
순간이다. 비행기의 이륙과 착륙 시에 지상의 기상은 비행기
안전에 절대적인 영향을 끼치기 때문이다. 땅에 가까울수록
인력이 강하게 작용하는데 이 순간에 부는 바람의 힘은 인력과
합쳐져 어느 순간보다 비행기에 강하게 작용을 하게 된다. 그래서
이륙과 착륙은 비행 중에서 기상의 영향을 가장 많이 받는
순간이다. 그러나 이러한 기상의 변화에 대처하는 비행기는
관성의 법칙에 따라 움직이는 거대한 물체이기 때문에 즉각적인
대처가 이루어지지 않아 안전에 위협을 받는 수가 있게 된다.
모든 조종사들이 이구동성으로 가장 위험하고 긴장된 순간으로
비행기의 이착륙은 꼽는 이유이다.

오늘날 대부분의 공항은 레이더 시설을 가지고 있는데 이
레이더는 공항에 따라 다르지만 보통 50~100km에 걸친 영역을
탐색할 수 있다. 이러한 레이더를 가지고 공항은 날아오르는
비행기나 착륙하려는 비행기를 유도 관제한다.

지상의 기상 상황을 비롯한 비행정보와 근접한 영공의 항로에
대한 정보 등 모든 정보를 비행기에게 제공하고 그 이행 여부를
감시하고 감독한다. 어떤 활주로를 어느 방향에서 사용할
것인지도 지정하며 여러 대의 비행기가 착륙할 때에는 비행기의

안전을 위하여 시간차를 두어 차례를 기다리도록 공항 상공에서
순회 비행을 하도록 지시하기도 한다. 그리고 비상시에 즉각적인
지시를 내려 이륙이나 착륙을 중지시키거나 연기하기도 한다.

따라서 가장 능률적인 접근관제는 모든 비행기들이 기다림
없이 충분한 시간적 간격을 가지고 원활하게 이륙과 착륙을 시켜
항공교통의 흐름을 활발하게 하는 것이라 하겠다.

일단 성공적으로 비행기가 이륙하여 항로비행을 시작하면
관제탑의 접근관제는 끝나고, 이후 지역관제소의 비행관제가
시작 된다. 이때 비행기의 관제권이 이양된다.

〈비행항로관제〉

이륙에 성공한 비행기가 자기의 목적지를 향하여 항로 비행을
시작하면 일정한 영공, 즉 비행정보구역을 관리하는 지상의
지역관제소에서 관제권을 이양 받아 항공기의 비행항로에 관한
관제를 한다.

우리나라의 영공을 포함한 주변의 하늘을 나는 비행기를
관제하는 곳은 인천지역관제소(Incheon Area Control Center)이다.
각 나라마다 지역관제소를 가지고 있으며 국토가 넓을 경우에는
여러 개의 지역관제소를 운영하기도 한다. 지역관제소는 자기의
관제 영공인 비행정보구역에 들어오는 모든 항공기를 국내
관제기관, 군 중앙방공통제소, 인접지역관제소와 긴밀한
협조체제를 가지고 관제한다.

이러한 광범위한 구역에서 이루어지는 각종 항공기 활동의
감시에는 레이더 장비가 사용되며, 관제 중인 항공기 조종사와
관제사 간 통신에는 초단파(VHF) 및 극초단파(UHF) 무선통신이
사용된다.

비행항로 관제의 주요 임무는 안전한 비행을 위해 공중 항로를
비행하는 항공기의 상황을 파악하고, 항로 별로 고르게 운항하여

교통 체증현상이 일어나지 않도록 하는 것이다. 또한 필요한 경우에는 고도를 달리하는 항로를 운항하도록 하고, 다른 항로로 운항을 지시하기도 한다. 특히 기상 상황이 나빠졌을 경우에는 보다 안전한 항로에 대한 정보를 제공하여 비행기가 항로를 바꾸어 악천후를 벗어나도록 한다.

주요 업무 내용

- 항공교통관제 허가 발부
- 항로 비행 항공기 간의 상승/강하 분리 유지
- 악천후 기상 회피 유도, 공중 충돌 예방, 레이더 유도
- 교통, 기상 및 운항 안전시설 정보 제공
- 중앙방공관제센터(MCRC)에 피아식별을 위한 비행정보 제공
- 인접국 지역관제소(ACC) 및 국내 접근관제소와 비행정보 교환 및 항공기 관제권 인수 · 인계

비행정보구역(Flight Information Region)

항공기의 안전하고 효율적인 비행을 위하여 항공교통관제업무, 비행정보업무 및 경보업무를 제공하는 구역으로써, 우리나라의 인천 비행정보구역(FIR)의 면적은 약 43만 km^2 이다.

인접국 비행정보구역으로 심양 · 동경 · 나하 · 상해 · 평양 비행정보구역이 있으며, 지역관제업무 · 비행정보업무 · 경보업무 등에 관하여 상호 협조체제를 구축하고 있다.

조종팀의 구성과 역할 구분

조종팀은 비행기 운항의 총책임자들이 모여 있는 곳이다. 원래 항공기를 조종하는 사람의 직책명은 조종사(Pilot)이지만, 대한민국 법제상에는 항공기 조종을 책임지는 이를 특히 '기장'으로 부른다. 이는 영어 Pilot in command에 해당하는 명칭이다.

기장과 부기장의 조합은 한 달 전 정해지는 비행 일정에 따른다. 신입 기장을 고참 부기장과 짝을 지우는 등 조종사의 경력과 운항 기종 등을 고려해 짝을 만든다. 이런 이유 때문에 같은 항공사를 다녀도 퇴직할 때까지 한 번도 같이 조종석에 앉아보지 않을 수도 있다.

조종사의 근무는 비행 1시간 30분 전 '운항 브리핑'으로

시작한다. 오늘 날아갈 항로와 기상 상태에 대한 최종 점검
과정이다. 기장이 받아든 차트에는 비행기가 날아갈 '하늘 길'이
형광펜으로 표시돼 있다.

비행의 최대의 적은 바람과 기온인데 운항관리팀은 만일의
상황에 대비, 회항해야 할 항로와 확보할 연료량을 치밀하게
계산한다. 최악의 경우 불시착할 인근 공항의 날씨도 미리
알아둬야 한다.

비행기는 후진을 할 수 있을까? 할 수 있다고 주장하는 일부
사람들이 있으나 "원칙적으로 안 된다"는 게 조종사들의
한결같은 답변이다. 강제로 후진을 시도할 수는 있으나 수백억
원짜리 엔진을 버릴 각오를 해야 한다. 그래서 비행기를 활주로로
밀 때에는 따로 '푸쉬백 카트'라는 장비가 동원된다.

비행 1시간을 앞두고 조종사 2명과 승무원이 비행기에 오른다.
이들이 비행기 내외부에 대한 최종 점검과 준비를 마쳐야
승객들의 탑승이 시작된다. 기술·정비팀원과 승무원들이 바쁘게
오가며 음식을 싣고, 청소하고, 정리한다. 정신없이 분주한 듯
보이지만, 각자 임무에 따라 톱니바퀴처럼 돌아간다.

© 대한항공

조종실 내에는 테러에 대비한 특별한 장비는 없다. 대신, 조종실에 함부로 들어갈 수가 없다. 방탄과 방폭 처리가 된 조종실 문은 안쪽에서 열어줘야만 들어갈 수 있다. 부득이한 경우 비밀번호를 누르고 출입할 수 있다.

조종실은 예상보다 좁다. 허리를 숙이고 몸을 구부려야 간신히 들어갈 수 있는 좁은 공간이다. 왼쪽에는 기장, 오른쪽에 부기장이 앉는다. 그 뒤에 보조석이 하나 있다. 보조석은 훈련연습생 등이 탔을 경우에 사용한다.

두 조종사 앞의 계기판에는 기상 상태와 비행 고도 등을 표시하는 6개의 스크린이 있다. 머리 위에는 스위치 100여개가 달려 있다. 통과하는 지점의 날씨 정보를 수시로 출력할 수 있는 간이 프린터도 실치돼 있다.

조종실의 전자시계는 런던표준시(GMT)에 맞춰 있다. 세계 모든 도시의 관제소와 교신하기 위해 통일된 시간을 쓴다. 비행 직전, 조종사들이 마실 물과 몇 개의 간식류가 배달될 수 있다.

승객들이 식사할 무렵, 조종사들도 밥을 먹는다. 기장과 부기장은 반드시 다른 음식을 먹어야 한다. 혹시나 상한 음식을 먹어 이상이 생기더라도 한 사람은 무사해야 하기 때문이다.
기장과 부기장의 음식은 따로 구분되지는 않고, 알아서
나눠먹으면 된다. 조종사가 미리 개인적으로 주문하지는 않는다.

조종사들은 밥을 먹으면서 조종한다. 밥을 떠서 입에
넣으면서도 시선은 계속 창 밖과 계기판을 향해 있다. 첨단항법
장치 덕분에 여유가 있다지만, 식사시간도 긴장을 늦출 수 없다.
일기예보에는 잡히지 않는 구름이 언제 나타날 지 알 수 없기
때문이다.

밤 비행을 맡게 된 조종사들은 초저녁에 2~3시간 정도 자고
나온다. 수시로 커피와 녹차를 마신다. 조종사들끼리 대화도 잠을
쫓는 데 도움이 된다.

컴퓨터가 전하는 기상 상황에 따라 조종실의 대화는 끊임없이
이어진다. 또한 조종사들에게는 영어는 공기와 같다. 외국인
조종사와의 동승도 잦을 뿐 아니라, 외국 관제탑과 교신할 때도
영어를 써야하기 때문이다. 그래서 조종사들은 꾸준히 영어
실력을 닦는다. 사내 사이버 영어강좌를 챙겨 듣거나 필요한 책을
갖고 다니며 공부를 한다.

객실 승무원의 역할

  항공기 객실 승무원은 비행기 탑승객이 목적지까지 안전하고
쾌적하게 여행할 수 있도록 편의와 안전을 도모하기 위해
기내에서 각종 서비스를 제공하는 일을 담당한다.

  주로 다음과 같은 업무를 수행한다.

1. 운항 전 기내점검
   - 기장, 부기장과 항공운항 관련 회의 / 노선별 특성, 서비스
     태도 점검
   - 항공기 탑승 비상장비 확인, 음료수 및 식사 서비스 수량
     확인, 서비스 청결상태 확인

2. 탑승 및 안전 & 보안 점검
   - 탑승객이 제시하는 좌석표 확인, 좌석안내 & 인원 파악
   - 탑승 완료 후 이륙 전 안전벨트, 구명복, 산소마스크,
     비상탈출구의 사용법 시범

3. 운항 중 고객 서비스
   - 승객이 요구하는 신문, 잡지, 음료, 식사 등 제공
   - 헤드폰 제공, 영화나 음악 조작방법 설명
   - 승객의 입국수속에 필요한 입국서류와 세관신고서 등을
     배포하고 작성방법 설명
   - 승객의 화물 운반을 돕고 분실물 보관
   - 비상사태 시 안내방송을 하고 비상 탈출 설비를 가동하여
     승객의 탈출 도움
   - 기내에서 향수, 주류, 담배 등의 면세품 판매

▲ 운행 전 기내 점검 중인 객실 승무원

〈객실 승무원 직급 체계〉

- 신입 승무원 : 처음 입사하면 신입 승무원이 된다.
- 승무원 : 승무원을 굳이 구분하자면 신입 승무원의 윗 직급인 선임 승무원으로 구분할 수 있다.
- 부 사무장 : 입사하여 비행 근무연도가 3~4년이 되면 자격 심사를 거쳐 부 사무장인 AP가된다.
- 사무장 : 부 사무장이 된 후, 2년이 되면 사무장의 자격 심사의 기회가 주어진다.
- 선임 사무장 : 사무장이 된 후, 2년이 되면 선임 사무장의 자격 심사의 기회가 주어진다.
- 수석 사무장 : 선임 사무장 진급 후, 2년이 지나면 승무원의 최고 직급인 수석 사무장의 진급 기회가 주어진다.

객실 승무원의 근무 형태

〈FLIGHT(비행 근무)〉

우리가 보통 알고 있는 비행기 탑승 근무이다.

- 기내 보안 : 비행중 비정상적인 상황을 예방 및 대처한다.
  기내의 특수 장비를 다룰줄 아는 교육과 훈련은 승무원들의
  기본이다.
- 안전 활동 : 기내 탑승한 고객의 안전을 위한 각종 의료
  치료나 예상 가능한 모든 사고에 철저한 조치를 취할 수
  있다.
- 기내 서비스 : 고객들의 탑승 시간부터 도착해 승객들이
  내릴 때까지 기내의 각종 서비스를 담당하며, 필요한 도움을
  주는 것이 승무원들이 할 일이다.

〈STAND-BY(대기 근무)〉

스케줄에 결원이 생길 경우를 대비하여 개인별로 지정된
장소에서 준비하고 기다리는 형태이다. 그리고 공항 대기 근무는
공항의 근무지에서 유니폼을 입고 비행 준비를 모두 마친
상태에서 근무하는 것을 말하고, 자택 대기 근무는 자택에서
근무하는 것을 말하며, 일반적으로 전날 저녁까지 스케줄을 받게
되므로 선약은 가능하면 피하는 것이 좋다.

〈LAY OVER(해외 체류 휴식 근무)〉

해외에서 체류할 경우의 휴식을 말하며, 다음 비행을 위해
개인의 휴식과 쇼핑, 여행 등으로 자유 시간을 보낼 수 있다. 이
기간 동안에는 개인의 기호에 따라 자신만의 시간을 보낼 수
있고, 이 시간은 승무원만의 혜택이라고 볼 수 있다. 하지만
대부분의 승무원들은 눈에 띄는 행동을 삼가 하기 위해 간단한

▲ 기내 서비스 중인 객실 승무원

쇼핑을 하거나 체류 호텔에서 휴식을 취하거나 책을 읽는 등
조용하게 보낸다고 한다.

〈DAY OFF(휴무)〉

　말 그대로 객실 승무원의 휴무를 말하며, 개인의 스케줄에 따라
휴무는 달라진다. 평균적으로 6~7일 정도 되지만 해외 체류
휴식을 포함하면 훨씬 많아진다고 할 수 있다.

승무원의 복리후생

항공사의 복리 후생은 국내외 항공사를 막론하고 매우 잘 되어있다.

국내 항공사의 경우, 승무원들의 비행시간은 평균적으로 60~100시간이다. 예전에는 여자 승무원의 경우 결혼 후 임신을 하게 되면 일을 그만 두어야 하는 경우가 있었지만, 지금은 결혼과 상관없이 본인만 원한다면 근무를 할 수 있다.

기본적으로 한 달 휴무는 8~9일 씩이며. 연차 휴가는 15일이다. 만약 임신을 할 경우, 출산 휴가로 12개월의 휴가를 주었으나 97년 IMF 이후부터는 2년 정도까지 가능하도록 바뀌고 있다.

보통의 여자 승무원의 경우, 퇴직 후에도 다시 채용되는 기회가 많으므로 국내선 비행이 공항 내의 지상직으로 채용되어 근무하게 되는 경우로 보아 본인의 건강과 직장에 대한 의지만 있다면 오래 직장 생활이 가능할 것으로 보인다.

또 항공사의 직원이 자사의 비행기를 이용할 경우 할인 혜택을 받을 수 있다. 할인범위는 국내선의 경우 본인이 이용할 때는 50% 할인율을 받으며, 일 년에 2회 왕복 100% 할인을 받을 수 있다. 국제선의 경우 받는 할인율은 75%이며, 신혼여행 때는 100% 할인을 받을 수 있다. 아시아나항공, 케세이퍼시픽항공, 싱가폴항공 등도 대한항공과 동일하거나 그 이상의 할인 혜택을 받는다.

항공기 조종사의 보수

　명확하게 제시된 자료가 존재하지 않으나 여러 가지 보도 자료와 내용을 취합하여 조사한 정보에 근거할 때, 조종사의 월급 범위는 무척 넓다고 한다. 메이저 항공사 고참 기장(B747, A380)은 연봉 3억까지 받는 경우도 있다. 모든 조종사들이 이런 연봉을 받는 것은 아니지만 10년 정도 근무한 기장의 경우에는 약 1억 5천에서 2억 정도를 받고 있으며 지역 항공사의 경우 약 8,000만 원 정도의 연봉을 받기도 한다.

　현재 중국이나 아시아의 항공 산업 팽창으로 인해 중국을 비롯한 아시아 지역에서는 기장의 경우 보통 2억에서 2억 5천 정도의 연봉을 받고 있다. 건강보험과 사망보험, 연금 또는 퇴직금의 혜택을 받기도 한다.

　범위가 이처럼 넓은 까닭은 조종사의 급여 체계가 기본급과 비행수당, 퍼디움으로 합쳐진 금액이기 때문이다. 퍼디움이란 체류비라고 하며, 해외에서 머물 때 식비 및 간단한 물품 등을 구매할 수 있는 보조금이다. 만약 야간비행을 했다면 기본급에 비행수당이 붙게 되고, 초과비행을 했다면 기본급에 또 비행수당이 붙게 되는 형식이다.

　상대적으로 메이저항공사는 부기장에서 기장으로 승격하는데 10년, 저가항공사는 5년 정도의 시간이 걸린다고 전해진다. 물론 급여에 대해서는 높은 순서대로 메이저 항공사 기장, 메이저 항공사 부기장 = 저가 항공사 기장, 저가 항공사 부기장 순으로 차이가 있다.

Part Three

Get a Job

신체적 조건

조종사는 특히 신체조건이 우수해야 하는데, 시력(나안) 1.0이상, 청력/심장이 최상이어야 한다. 이후 조종사가 되는 교육과정에서도 수없이 신체검사를 거친다.

특히 사업용과 운송용 조종사는 정신건강도 중요하다. 이를 위해 적성검사와 심리테스트가 병행된나.

다음은 기본 신체조건 중 불합격 조건이니 참고해서 운동과 치료법 등으로 개선해야 할 부분을 개선해두면 좋다.

〈신체적 결격 사유〉

- ■ 체중
  - 남자 : 47.8Kg 미만 / 여자 47Kg 미만
  - 고도비만

- ■ 신장
  - 162.5 cm 미만 / 195.0 cm 초과(남 · 여 공통)

- ■ 시력
  - 원거리시력 → 나안시력 : 0.4이하, 교정시력 1.0미만
  - 근거리시력(필요시 부가적 실시) → 나안시력 1.0 미만
  - 굴절 +2.25 또는 -1.75D 이상 : 모든 경선에서
  - 1.75D 이상 난시 : 원추굴절률
  - 2.00D 이상 부동시 : 구면대응굴절률의 양안 굴절률 차
  - 각막굴절을 변화시키기 위한 각막굴절술
    병력(엑시머레이져, 라식 · 라섹수술 등)
  - 사위 및 사시, 색맹, 색약, 기타 안과 질환, 안압(21초과)

지적 조건

　조종사를 지망하는 사람들은 치밀한 성격과 수리능력이
요구되며, 항공법규, 항공학, 기상학 및 항법학에 대한 풍부한
지식, 공간 판단력, 형태지각력, 위기관리능력 등이 요구된다.
　한편 여성은 그 자격을 제한하고 있지는 않지만, 우리나라에서
아직까지 경비행기 및 상업용 비행기, 초경량항공기 면허증을
소지한 여류비행사가 몇 명 있을 뿐 여성 대형기 조종사는 없는
실정이다. 때문에 전망을 고민하는 데 있어 그 길이 쉽지는 않을
수도 있지만 반대로 여성으로서 가치 있는 도전을 하기에 좋다.

언어 능력

조종사지침서, 도표 일기예보에 나타난 전문용어를 이해하고
사용하며 다른 승무원과 원활한 의사 교환을 할 수 있는
언어능력이 요구된다.

대부분의 교신과 응대해야 하는 고객이(여객기의 경우)
외국인일 확률이 높아 세계 공용어로 통용되고 있는 영어 능력이
필히 요구된다.

해마다 한국을 찾는 외국인들이 늘어나고 있는데다
항공사들은 비행기 노선을 전 세계로 더욱 확대하고 있는 추세다.

항공운항과나 공군사관학교에 진학하거나 일반 대학을 졸업한
뒤 항공사에서 운용하는 비행기 조종사 양성 과정 교육을 일 년
반 정도 받으면 조종사가 될 수 있으므로 영어 능력은 기본적인
수준 이상으로 갈고 닦아 두는 것이 좋다.

또한 비행기 조종사는 항공관제탑과 영어로 소통하기 때문에
영어 듣기와 말하기 능력을 필히 갖추어야 한다.

현재 국제 항공 업무를 수행하려면 조종사와 관제사들은 항공
영어 말하기 능력 시험 4등급 이상의 자격을 따도록 규정하고
있다. 그런데 네 명 가운데 한 명 정도가 시험에 불합격했는데
실제로 의사소통 문제로 항공 안전 장애가 발생한 경우가 2013년
기준 이전 4년 간 6건이나 됐다고 한다. 따라서 기존보다
까다로워진 영어 실력 요구에 대비할 수 있어야 한다.

〈국내 항공사별로 조종사에게 요구하는 주요 내용〉

항공 회사	요구 사항
Korean Air	- 고정익 비행시간 총 1,000 시간 이상인 자 (단, 후방석 비행시간 제외) - 항공영어구술능력증명 4등급 이상 취득자(미 취득시 조건부 지원 가능) - 학사학위 이상 소지자 - 자격증명(CPL, IFR, MEL) 소지자 - 해외여행 결격 사유가 없는 자 - 항공법 시행규칙 제92조에 정한 신체상의 결격 사유가 없는 자
Asiana Airline	- 기 졸업자 또는 졸업 예정자 - TOEIC 800점 이상 및 TOEIC SPEAKING 5등급(120점) 이상 - 항공영어 능력증명(EPTA)4등급 이상, 항공무선통신사 자격증 취득자 - 국내 자격증명(사업용조종사 육상다발한정, 계기비행증명 포함) 및 국내 유효한 제트형식한정 소지자 - 총 비행시간 300시간 이상인 자 (회전익 시간 제외) - 항공법 시행규칙 신체검사 기준에 결격 사유가 없는 자 - 남자의 경우 면역을 필 하였거나 면제된 자 - 해외 여행에 결격사유가 없는 자 - 국적불문 (단, 국내 취업에 제약이 없는 자에 한함)
Jin Air	- 운송용 터보 제트/팬 항공기 비행시간이 500시간 이상이며, 총 비행시간이 1,000시간 이상인 자(회전익 제외) - B737Rating 소지자 우대 - 항공영어구술능력증명 4등급 이상 취득자 - 학사학위 이상 소지자 - 자격증명(CPL, IFR, MEL) 소지자 - 병역을 필 하였거나 면제된 자로 해외여행 결격 사유가 없는 자 - 항공법 시행규칙 제92조에 정한 신체상의 결격 사유가 없는 자
Jeju Air	- 남자의 경우 병역을 필 했거나 면제된 자 - 해외 여행에 결격 사유가 없는 자 - 비행기 계기비행 증명을 포함한 사업용 조종사(육상다발) 또는 운송용 조종사 자격 증명을 소지한 자
Estar Air	- 운송용 또는 사업용 면장 소지자(쌍발 사업용/계기비행면장) - 총 비행시간 300시간 이상인자(회전익 제외) - 군 전역자 / 전역 예정자 우대 - 4년제 대학 졸업자 / 항공 무선 통신사 면장 소지자 - 신체검사 증명 1종 소지자 / ICAO Level 4 이상인자 - 군복무를 필 한자 또는 면제자 / 해외여행에 결격사유가 없는 자
Air Busan	- 민항 항공기 500시간 이상, - 자격증명(CPL,IFR,MEL) 소지자 및 ICAO 영어 자격 4급 이상인 자 - 항공신체검사 증명 1급 소지자

※ 위 내용은 항공사에 따라 조건이 달라질 수 있습니다.

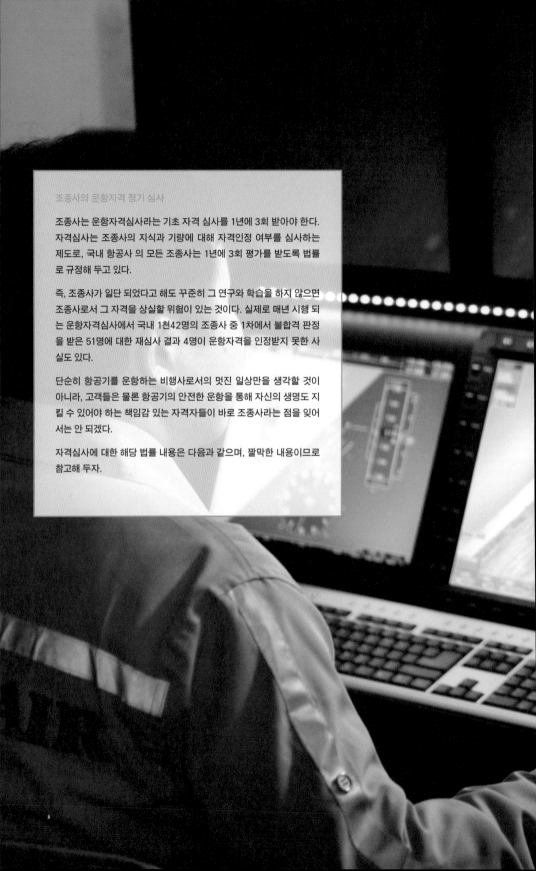

조종사의 운항자격 정기 심사

조종사는 운항자격심사라는 기초 자격 심사를 1년에 3회 받아야 한다.
자격심사는 조종사의 지식과 기량에 대해 자격인정 여부를 심사하는
제도로, 국내 항공사 의 모든 조종사는 1년에 3회 평가를 받도록 법률
로 규정해 두고 있다.

즉, 조종사가 일단 되었다고 해도 꾸준히 그 연구와 학습을 하지 않으면
조종사로서 그 자격을 상실할 위험이 있는 것이다. 실제로 매년 시행 되
는 운항자격심사에서 국내 1천42명의 조종사 중 1차에서 불합격 판정
을 받은 51명에 대한 재심사 결과 4명이 운항자격을 인정받지 못한 사
실도 있다.

단순히 항공기를 운항하는 비행사로서의 멋진 일상만을 생각할 것이
아니라, 고객들은 물론 항공기의 안전한 운항을 통해 자신의 생명도 지
킬 수 있어야 하는 책임감 있는 자격자들이 바로 조종사라는 점을 잊어
서는 안 되겠다.

자격심사에 대한 해당 법률 내용은 다음과 같으며, 짤막한 내용이므로
참고해 두자.

제143조(기장 등의 운항자격의 정기심사)

① 국토교통부장관은 법 제63조제2항에 따라 같은 조 제1항에 따른 자격인정을 받은 기장 또는 기장 외의 조종사에 대해 다음 각 호의 구분에 따라 정기심사를 실시한다.

1. 법 제63조제1항제1호 또는 같은 항 제2호에 해당하는 항공기의 기장 또는 기장 외의 조종사: 운항하려는 지역, 노선 및 공항에 따라 기장의 경우에는 제138조제1호 및 제139조제1호에 따른 지식 및 기량의 유지에 관하여, 기장 외의 조종사의 경우에는 제139조제1호에 따른 기량의 유지에 관하여 다음 각 목의 구분에 따른 심사 실시

　가. 정상 상태에서의 조종기술: 매년 1회 이상 국토교통부장관이 정하는 방법에 따른 심사

　나. 비정상 상태에서의 조종기술 및 비상절차 수행능력: 매년 2회 이상 국토교통부장관이 정하는 방법에 따른 심사

2. 법 제63조제1항제3호에 따른 항공기 기장 또는 기장 외의 조종사: 운항하려는 항공기 형식에 따라 기장의 경우에는 제138조제2호 및 제139조제2호에 따른 지식 및 기량의 유지에 관하여, 기장 외의 조종사의 경우에는 제139조제2호에 따른 기량의 유지에 관하여 2년마다 1회 이상 국토교통부장관이 정하는 방법에 따른 심사 실시

② 제1항의 정기심사는 운항자격심사관 또는 위촉심사관이 실시한다.

③ 제1항의 정기심사에 관하여는 제141조제1항·제3항 및 제4항을 준용한다.

④ 제1항제1호나목에도 불구하고 다음 각 호의 어느 하나에 해당하는 조종사에 대한 심사는 기장의 경우에는 지식 및 기량의 유지에 관하여, 기장 외의 조종사의 경우에는 기량의 유지에 관하여 각각 매년 1회 이상 국토교통부장관이 정하는 박법에 따라 실시한다. 다만, 2개 이상의 기종을 조종하는 조종사인 경우에는 기종별 격년으로 심사한다.

* 심사 자격에 대한 더욱 구체적인 내용과 시험에 대한 상세한 내용은 국토교통부에서 확인할 수 있다.

항공기 조종사라하면 군에서 전투기를 조종하다가 전역한
사람에게만 해당되는 직업으로 생각하기 쉽다. 그러나 과거와
달리 오늘날 조종사가 되는 방법에는 여러 가지가 있다.

먼저 널리 알려진 대로 군 조종사의 경력을 통해 되는 방법이
있는데 여기에도 공군사관학교를 나오는 것과 일반대학이나
항공대학에서 군 조종 장학생으로 지원 후 조종사로 근무하는
방법이 있다.

그리고 항공대학의 항공운항과를 졸업하고 항공대 산하
비행교육원에서 소정의 비행교육을 마침으로 조종사로 근무할
수 있다.

또 다른 방법으로는 대한항공과 아시아나항공의

조종훈련생으로 선발되어 1년 6개월의 교육을 수료하고 각
항공사에 입사하는 방법이 있다.

이외에도 항공유학을 통해 해외에서 일정 자격을 갖춘 후
경력조종사로 지원하는 방법도 있다.

일단 공군사관학교나 군 조종사, 항공대학, 민간항공사
조종훈련생 등의 과정에 선발되면 조종사의 길로 들어선 것이라
할 수 있다.

공군사관학교의 경우는 매년 6월에서 7월중에 고등학교
졸업(예정)자를 대상으로 지원을 받으며 선발기준은 고교내신,
본고사, 신체검사, 체력검사, 면접 등이다.

군 조종 장학생의 경우는 4년제 정규대학의 1, 2학년 때
지원가능하며 매년 3월 지원을 받아 신체검사, 면접, 인성검사,
서류전형 등을 통해 선발한다.

한국항공대학교의 항공운항학과는 1998년 신입생 모집 시
고교 내신과 수능 성적, 신체검사, 면접 등으로 60명을
모집하였고 3명의 여학생도 선발하였다.

국내 민간 항공사에서 모집하는 조종훈련생은 매년 100명에서
150명 정도 되지만 경기 침체 시 모집을 하지 않거나 인원을
감축한다.

응시자격은 만 28세 이하에 전공 구분 없이 4년제 대학
졸업(예정)자여야 하며 항공법상의 신체검사규정에 적합하여야
한다.

항공기 조종사로 근무하기 위해 필요한 자격증으로는 사업용
면장과 운송용 면장이 있다. 사업용 면장을 취득하기 위해서는 약
200시간의 비행시간이 요구되며 신체검사 규정에 적합하여야
하고 운송용 면장을 취득하기 위해서는 1,500시간 이상의
비행시간이 요구된다.

조종사 면장은 일반적으로 군이나 민간 조종사 훈련과정 중에
취득하거나 입사 후 비행시간을 확보한 후 취득하기도 한다.

▲ 한국항공대학교 경비행기 조종실 모습

대다수의 조종사가 정기운송 항공사에 근무하고 있으며
처음에는 부조종사로 근무하다가 5년 정도 이상의 경력이 쌓이면
기장으로 승진할 조건이 된다.

기장의 경우는 단순히 비행기만 조종하는 것이 아니라
승무원의 통솔과 승객의 안전을 책임지고 있으므로
항공사에서는 조종사 채용 시 이러한 인성과 자질을 고려하여
선발한다.

조종사의 승진은 5년 정도가 지나면 부조종사가 기장으로
승진할 조건을 갖추게 되는데 승진에 필수적인 요소는
비행시간이다.

자가용 자격증 취득

　자가용조종사란 소정의 비행훈련을 완료하고
교통안전공단에서 시행하는 자가용조종사 자격증명시험에
합격해 그 자격을 취득한 자를 말한다. 자가용 비행기를 안전하게
운항할 수 있는 능력을 검증하기 위하여 시행하고 있는 제도이다.
　자가용조종사는 개인의 목적을 위해 무상으로 항공기를
운항할 수 있다. 사업으로 이익을 창출하는 행위를 위해 비행을
하기 위해서는 자가용조종사 자격증을 취득한 후
사업용조종사자격증, 운송용조종사 자격증을 추가로 취득해야
한다.

■ 주요 업무
　자가용 조종사는 보수를 받지 아니하고 무상운항을 하는
　항공기를 조종하는 행위를 할 수 있다.

〈자가용 조종사 자격증 시험〉

■ 공통 사항
　- 시행 기관 : 교통안전공단
　- 응시 자격 : 18세 이상의 일정한 비행경력자

■ 학과시험 면제
　- 항공기관사 : 비행이론 면제
　- 운항관리사 : 공중항법, 항공기상 면제
　- 항공교통관제사 : 항공기상 면제

■ 실기시험 일부 면제 (구술시험만 실시)
　- 비행경력이 300시간 이상인 사람
　- 외국정부가 발행한 자가용 조종사 자격증명을 받은 사람

  - 국토교통부 장관이 지정한 전문교육기관에서 자가용
    조종사에게 필요한 과정을 이수한 사람

■ 합격 기준
  - 학과시험 : 과목당 70점 이상 득점자
  - 실기시험 : 실기시험 채점표의 모든 항목에서 C등급 이상

〈고정익 항공기(비행기) 응시 자격〉

구분	경력
총비행경력	- 40시간(전문교육기관 이수자는 35시간) ※ 지방항공청장이 지정한 모의비행장치 비행훈련시간 10시간 인정 ※ 다른 종류 항공기 비행시간 3분의 1 또는 50시간 중 적은 시간 　인정
기타 경력	- 5시간 이상의 단독 야외 비행경력을 포함한 10시간 이상의 　단독비행 경력

〈회전익 항공기 응시 자격〉

구분	경력
총비행경력	- 40시간(전문교육기관 이수자는 35시간) ※ 지방항공청장이 지정한 모의비행장치 비행훈련시간 10시간 인정 ※ 다른 종류 항공기 비행시간 3분의 1 또는 50시간 중 적은 시간 　인정
기타 경력	- 5시간 이상의 단독 야외 비행경력을 포함한 10시간 이상의 　단독비행 경력

〈비행기 · 회전익활공기(활공기) 시험 과목 및 내용〉

구분	경력
항공법류	당해 업무에 필요한 항공법규
비행이론	가. 비행이론에 관한 일반지식 나. 활공기의 취급법과 운항제한에 관한 지식 다. 활공기에 사용되는 계측기의 지식 라. 항공도의 이용방법 마. 활공비행에 관련된 기상에 관한 지식

〈비행기 · 회전익 항공기 학과시험 과목 및 내용〉

과목	범위
항공법규	당해업무에 필요한 항공법규
공중항법	가. 지문항법과 추측항법에 관한 지식 나. 항법용 계측기 사용방법 다. 항행안전시설의 이용방법 라. 항공도의 해독 마. 항공기 조난시의 비행방법 바. 자가용조종사와 관련된 인적요소에 관한 일반지식
항공기상	가. 항공기상의 기초지식 나. 항공기상통보와 기상도의 해독
비행이론	가. 비행의 기초원리 나. 항공기구조와 기능에 관한 기초지식
항공교통 통신정보업무	가. 공지통신의 기초지식 나. 조난 · 비상 · 긴급통신방법 및 절차 다. 항공정보 업무 라. 비행계획에 관한 지식

※ 시험 과목 중 법률 과목의 경우 법령 등을 적용하여 답을 구하여야 하는 문제는 시험 시행계획 공고일
  현재 시행되는 법령 등을 적용하여 출제되므로 법률 개정 여부에 주의를 요한다.

〈실기시험 과목 및 내용〉

과목	실시 범위	시험 방법
비행기 · 회전익 항공기	조종기술	실비행과 함께 구술시험 병행 실시
	무선기기 취급법	
	공지통신 연락	
	항법기술	
	낭해 자격의 수행에 필요한 기술	

사업용 자격증 취득

사업용 조종사란 소정의 비행훈련을 완료하고
교통안전공단에서 시행하는 사업용조종사 자격증명시험에
합격해 그 자격을 취득한 자를 말한다. 여객 및 화물을 제외한
지도제작, 공중촬영 등의 사업으로 이익을 창출하는 행위를 위해
기장으로 비행하는 자와 항공운송사업에 사용되는 항공기의
기장 외 조종사로서 비행하는 자가 취득해야 하는 자격이다.
사업용 조종사는 항공운송사업에 사용되는 항공기의 기장 외
조종사로서 비행할 수 있으나 기장으로 비행하기 위해서는
운송용 조종사 자격증을 추가로 취득하여야 한다.

■ 주요 업무
사업용조종사는 자가용조종사의 업무범위에 해당하는 업무를
수행할 수 있다. 또한 항공기에 탑승하여 자가용조종사의
자격을 가진 자가 할 수 있는 행위, 보수를 받고 무상운항을
하는 항공기를 조종하는 행위, 항공기사용사업에 사용하는
항공기를 조종하는 행위, 항공운송사업에 사용하는
항공기(1인의 조종사가 필요한 항공기에 한 한다.)를 조종하는
행위, 기장외의 조종사로서 항공운송사업에 사용하는
항공기를 조종하는 행위 등을 할 수 있다.

〈사업용 조종사 자격증 시험〉

■ 공통 사항
 - 시행 기관 : 교통안전공단
 - 응시 자격 : 18세 이상의 일정한 비행경력자

■ 학과시험 면제
 - 항공기관사 : 비행이론 면제

© 대한항공

- 운항관리사 : 항공기상 면제
- 항공교통관제사 : 항공기상 면제

■ 실기시험 일부면제(구술시험만 실시)
  - 비행경력이 1,500시간 이상인 사람
  - 외국정부가 발행한 사업용 조종사 자격증명을 받은 사람
  - 국토교통부 장관이 지정한 전문교육기관에서 사업용
    조종사에 필요한 과정을 이수한 자

■ 합격 기준
  - 학과시험 : 과목당 70점 이상 득점자
  - 실기시험 : 실기시험 채점표의 모든 항목에서 C등급 이상

〈고정익 항공기(비행기) 응시 자격〉

구분	경력	
기본 응시요건	- 자가용자격 소지자 - 외국정부 발행 운송용조종사 자격증명 소지자 - 외국정부 발행 사업용조종사 자격증명 소지자	
총비행경력	- 200시간(전문교육기관 이수자는 150시간) ※ 지방항공청장이 지정한 모의비행장치 비행훈련시간 10시간 인정 ※ 다른 종류 항공기 비행시간 3분의 1 또는 50시간 중 적은 시간 인정	
기타 경력	기장 경력	- 100시간(전문교육기관 이수자는 70시간)
	야외비행 경력	- 기장으로서 20시간
	계기비행 경력	- 기장 또는 부조종사로서 10시간 - 지방항공청장이 지정한 모의비행장치 비행훈련시간 5시간 인정
	야간비행 경력	- 기장으로서 이륙과 착륙이 각각 5회 이상 포함된 5시간

〈회전익 항공기 응시 자격〉

구분	경력	
기본 응시요건	- 자가용자격 소지자 - 외국정부 발행 운송용조종사 자격증명 소지자 - 외국정부 발행 사업용조종사 자격증명 소지자	
총비행경력	- 150시간(전문교육기관 이수자는 100시간) ※ 지방항공청장이 지정한 모의비행장치 비행훈련시간 10시간 인정 ※ 다른 종류 항공기 비행시간 3분의 1 또는 50시간 중 적은 시간 인정	
기타 경력	기장 경력	- 35시간
	야외비행 경력	- 기장으로서 10시간
	계기비행 경력	- 기장 또는 부조종사로서 10시간 - 지방항공청장이 지정한 모의비행장치 비행훈련시간 5시간 인정
	야간비행 경력	- 기장으로서 이륙과 착륙이 각각 5회 이상 포함된 5시간

〈학과시험 과목 및 내용〉

과목	범위
항공법규	당해업무에 필요한 항공법규
공중항법	가. 지문항법과 추측항법에 관한 지식 나. 무선항법에 관한 일반지식 다. 항법용 계측기 사용방법 라. 항행안전시설의 이용방법 마. 항공도의 해독 바. 항공기 조난시의 비행방법 사. 사업용조종사와 관련된 인적요소에 관한 일반지식
항공기상	가. 항공기상통보와 기상도의 해독 나. 기상통보 방식 다. 구름의 분류와 운형에 관한 지식 라. 기타 운항에 영향을 주는 기상에 관한 일반지식
비행이론	가. 비행이론의 일반지식 나. 중량배분의 기초지식 다. 항공기의 구조와 기능에 관한 일반지식
항공교통 통신정보업무	가. 공지통신의 일반지식 나. 조난·비상·긴급통신방법 및 절차 다. 항공정보 업무 라. 비행계획에 관한 지식

※ 시험 과목 중 법률 과목의 경우 법령 등을 적용하여 답을 구하여야 하는 문제는 시험 시행계획 공고일 현재 시행되는 법령 등을 적용하여 출제되므로 법률 개정 여부에 주의를 요한다.

〈실기시험 과목 및 내용〉

과목	실시 범위	시험 방법
비행기·회전익 항공기	조종기술	실비행과 함께 구술시험 병행 실시
	무선기기 취급법	
	공지통신 연락	
	항법기술	
	당해 자격의 수행에 필요한 기술	

운송용 자격증 취득

운송용조종사란 소정의 비행훈련을 완료하고
교통안전공단에서 시행하는 운송용조종사 자격증명시험에
합격해 그 자격을 취득한 자를 말한다. 항공운송사업에 사용되는
항공기의 기장역할을 수행하기 위해 요구되는 자격증이다.
　운송용조종사는 조종사는 지도제작, 공중촬영 등 각종
항공기사용 사업체와 여객 및 화물 등의 항공운송사업을 하는
각종 항공사에 조종사로 취업할 수 있다.
　운송용 조종사는 항공운송사업에 사용되는 항공기의
기장으로서 근무할 수 있지만 운송용 조종사 자격을
취득하였다고 해서 바로 기장이 될 수 있는 것은 아니다. 각
항공사에서는 승객의 안전을 위해 법에서 정한 기준보다 훨씬
높은 기장 자격 기준을 가지고 있기 때문이다. 따라서 운송용
조종사 자격을 취득한 후에도 한동안은 계속 부기장으로
근무하며 비행시간을 늘려가야 기장 교육을 받고 기장이 될 수
있다.

■ 주요 업무
운송용조종사는 자가용 조종사와 사업용 조종사의
업무범위에 해당하는 업무를 수행할 수 있다. 또한 항공기에
탑승하여 사업용조종사의 자격을 가진 자가 할 수 있는 행위,
항공운송사업의 목적을 위하여 사용하는 항공기를 조종하는
행위 등을 할 수 있다.

〈운송용 조종사 자격증 시험〉

■ 공통 사항
　- 시행기관 : 교통안전공단
　- 응시자격 : 21세 이상의 일정한 비행경력자

■ 실기시험 일부면제 (구술시험만 실시)
- 운송용 조종사의 응시 경력 해당자로서 외국 정부가
발행하는 운송용 조종사 자격 증명을 받은 사람
- 사업용 조종사로서 계기비행증명 및 형식에 대한 한정
자격 증명을 받은 사람
- 부조종사 자격 증명을 받은 사람

■ 합격 기준
- 학과시험 : 과목당 70점 이상 득점자
- 실기시험 : 실기시험 채점표의 모든 항목에서 C등급 이상

〈고정익 항공기(비행기) 응시 자격〉

구분		경력
기본 응시요건		- 계기비행증명이 포함된 사업용조종사 자격증명 소지자 - 외국정부 발행 운송용조종사 자격증명 소지자 - 외국정부 발행 계기비행증명이 포함된 사업용조종사 자격증명 소지자
총비행경력		- 1500시간 ※ 지방항공청장이 지정한 모의비행장치 비행훈련시간 100시간 인정 ※ 다른 종류 항공기 비행시간 3분의 1 또는 200시간 중 적은 시간 인정
기타 경력	기장 경력	- 250시간(기장 70시간 이상의 비행시간 포함)
	야외비행 경력	- 200시간(기장 100시간 이상 또는 기장 감독하의 부조종사 100시간 이상을 포함)
	계기비행 경력	- 기장 또는 부조종사로서 75시간 - 지방항공청장이 지정한 모의비행장치 비행훈련시간 30시간 인정
	야간비행 경력	- 기장 또는 부조종사로서 100시간

〈회전익 항공기 응시 자격〉

구분		경력
기본 응시요건		- 사업용조종사 자격증명 소지자 - 외국정부 발행 운송용조종사 자격증명 소지자 - 외국정부 발행 사업용조종사 자격증명 소지자
총비행경력		- 1000시간 ※ 지방항공청장이 지정한 모의비행장치 비행훈련시간 100시간 인정 ※ 다른 종류 항공기 비행시간 3분의 1 또는 200시간 중 적은 시간 인정
기타 경력	기장 경력	- 250시간(기장 70시간 이상의 비행시간 포함)
	야외비행 경력	- 200시간(기장 100시간 이상 또는 기장 감독하의 부조종사 100시간 이상을 포함)
	계기비행 경력	- 기장 또는 부조종사로서 30시간 - 지방항공청장이 지정한 모의비행장치 비행훈련시간 10시간 인정
	야간비행 경력	- 기장 또는 부조종사로서 50시간

〈학과시험 과목 및 내용〉

과목	범위
항공법규	가. 국내항공법규 나. 국제항공법규
공중항법	가. 지문항법 · 추측항법 · 무선항법 나. 천측항법의 일반지식 다. 항법용 계측기의 원리 · 제원 · 기능과 사용방법 라. 항행안전시설의 제원 · 기능과 이용방법 마. 항공도의 해독과 사용방법 바. 항공기 조난시의 비행방법 사. 운송용조종사와 관련된 인적요소에 관한 일반지식
항공기상	가. 천기도 및 항공기상통보의 해독방법 나. 항공기상관측에 관한 지식 다. 구름과 전선에 관한 지식 라. 상층운의 관측과 예보에 관한 지식 마. 기타 운항에 영향을 주는 기상에 관한 지식
비행이론	가. 비행에 관한 이론 및 지식 나. 중량배분의 일반지식 다. 항공기의 구조와 기능에 관한 지식 라. 항공기용 프로펠러와 발동기에 관한 일반지식 마. 항공기 계기와 기타 장비품에 관한 일반지식
항공교통 통신정보업무	가. 항공교통 관제업무의 일반지식 나. 조난 · 비상 · 긴급통신방법 및 절차 다. 항공통신에 관한 일반지식 라. 항공정보업무

〈실기시험 과목 및 내용〉

과목	실시 범위	시험 방법
비행기 · 회전익 항공기	조종기술	실비행과 함께 구술시험 병행 실시
	계기비행절차	
	무선기기 취급법	
	공지통신 연락	
	항법기술	
	당해 자격의 수행에 필요한 기술	

우리나라에서 민항기 조종사가 되기 위한 가장 확률 높은 방법은 공군사관학교, 한국항공대학교 운항학과, 한서대 운항학과, 울진비행교육훈련원에 입학하는 길이다. 이 외에도 한국항공전문학교, 한국교통대학교, 초당대학교에서 조종사 과정 전문교육을 받을 수 있다. 자격증 취득을 통한 교육이 전문적이며 향후 활동에 있어서도 안정적인 지원이 가능하다는 점에서 해당 기관에 입학하거나 교육 받는 방법을 미리 습득해두는 일은 조종사를 꿈꾸는 청소년에게 있어 아주 유리한 선택이 될 수 있다.

다음은 각 기관에 대한 설명이다. 정확한 사항은 해당 기관의 홈페이지나 공고를 통해 반드시 재확인하여야 하며 이곳에는 대략적이고 공통적인 사항만을 실었으므로 참고하자.

공군사관학교

　공군사관학교 입학 후 4년간의 생도 생활을 마친 뒤 공군 소위로 임관하게 되며, 군 조종사로 복무하게 된다. 임관 이후 10년차에 1회 전역 기회가 주어지며, 민간항공사에 채용이 되면 전역이후 민간항공기 조종사로 근무할 수 있다. 단, 군 생활 중에 운송용 조종사 면장을 획득하여야만 민간항공기 조종사가 될 수 있다.

- 모집요강(2022년 기준)
  - 성별 비율 : 남자 90%, 여자 10% 내외
  - 계열별 비율
    남자 : 인문계열 45%, 자연계열 55% 내외
    여자 : 인문계열 50%, 자연계열 50% 내외

  ※ 정책 분야는 공중근무자 신체검사 기준에는 미 충족하나 공군장병 신체검사 기준은 충족하는 자의 지원분야를 말하며, 조종 외 분야에서 근무함.(단, 재학 중 공중근무자 신체검사 기준을 통과하면 졸업 후 조종분야 근무 가능)

- 수업연한 : 4년

- 지원자격
  - 대한민국 국적을 가진 미혼 남·여로서 신체가 건강하고, 사관생도로서 적합한 사상과 가치관을 가진 자
  - 2001년 1월 2일부터 2005년 1월 1일까지 출생한 자
  - 고등학교 졸업자 및 2022년 2월 졸업예정자 또는 법령에 의하여 이와 동등한 학력이 있다고 인정된 자
  - 군인사법 제10조 2항 규정의 결격사유에 해당되지 않는 자
  - 법령에 의하여 형사처벌을 받지 아니한 자(기소유예 포함)

© 대한민국 공군

또한 공군사관학교에 입학하면 다음과 같은 교육과정을 거쳐 정예 공군장교로 성장하게 된다. 먼저 공군사관학교는 생도들을 크게 학위교육과정, 생활교육과정, 군사훈련과정으로 나누어 교육시키고 있다.

학위교육과정이란 교양, 군사학, 일반학을 포함하며 생활교육과정이란 훈육, 정신교육, 소양 교육 등을 일컫는다. 또 가장 중요한 과정이라고 할 수 있는 군사훈련과정이란 전투기술, 체력훈련, 부대지휘, 현장실무, 항공기 조종 훈련 등의 과정을 포함한다.

또 공군사관학교를 졸업하기 위해서는 국제관계학, 국방경영학, 지역연구학, 전산정보과학, 항공우주공학, 기계공학, 전자통신공학, 시스템공학외 8개 진공과정과 나양한 교양과정을 이수해야 한다. 공군사관학교 학칙에 규정된 졸업이수 및 학위교육 취득학점은 148학점이며 생활교육 취득학점은 82학점이다. 단일 학위를 수여하던 공군사관학교는 2005년 졸업생부터 문 · 이 · 공학사를 수여하는 동시에 군사학 전공과정을 이수한 졸업생 전원에게 군사학사를 수여하는

양학사 제도를 운영하고 있어 진로 선택에 있어 상당히 유연한
경로가 열려 있다고 볼 수 있다.

군사 훈련 중 비행 적성 훈련에 대해 간략히 이야기하자면,
조종특기 생도들을 대상으로 향후 공중근무자로서 필요한
비행적성을 함양하기 위해 실시하는 공군의 특화된 훈련으로
항공적성함양훈련, 비행적성함양훈련으로 구분해 교육을
실시한다.

1학년 때에는 비행에 대한 원리나 공중에서의 신체 능력과
적응 능력을 주로 훈련 받는다. 2학년 때에는 공중상황을
체험해볼 수 있으며, 3학년 때에는 공중상황 판단 능력에 대한
수준을 평가 받는다. 4학년에는 비행여건을 조기에 적응할 수
있는 능력을 갖추는 훈련을 받게 된다.

이와 같은 교육을 위해 패러글라이딩 훈련, 가속도 훈련, 비행
시뮬레이터 탑승 등 다양한 직간접적 체험을 해야 한다.

한국항공대학교 항공운항학과, 한서대학교 항공운항학과

　두 곳 모두 2학년 때 학군단(ROTC) 지원하여 3,4학년을 학군단
생활하면서 비행 기초훈련을 하는 것이 일반적이다. (학군단을
포기하고 한국항공대학교 비행교육원에 지원할 수도 있다.)

　대학 졸업 후 공군 소위로 임관하게 되며, 군조종사로 복무하게
된다. 임관 이후 10년차에 1회 전역기회가 주어지며, 민간
항공사에 채용이 되면 전역이후 민간항공기 조종사로 근무할 수
있다. 단, 군 생활 중에 운송용조종사 면장을 획득하여야만
민간항공기 조종사가 될 수 있다. 한서대학교의 학군단 시스템은
2005년부터 인가되었다.

〈한국항공대학교 항공운항학과〉

　이 대학의 항공운항학과는 조종사를 양성해 재학 중 자가용
조종사 자격증, 사업용 조종사 자격증, 계기 비행 증명, 조종 교육
증명 등 전문 자격증을 딸 수 있는 구체적인 심화 학습을 주로
하고 있다.

　다음과 같은 교과목을 수강하게 되며, 졸업을 위해서 총
이수학점 140학점 이상을 취득해야 하며, 교양필수, 기초필수 및
전공필수의 모든 과목을 반드시 이수해야한다.

　기초 필수 과목으로는 정보기술개론, 미분적분학, 물리 및
실험 I , 선형대수학 등 일반 대학의 심화교과목들이 필수적인
교과목으로 구별되어 있다. 또 교양 필수로서 사고와 표현,
영어의 이해 I , II , 영어의 표현 I , II , 항공우주학개론, 사고와
표현, 영어의 이해 I , 영어의 표현 I , II , 항공우주학개론,
항공우주산업개론 등을 수강하도록 하고 있다.

　보다 본격적인 전공인 전공 필수과목으로는 국내항공법,
왕복기관, 항공기상학, 항공역학, 공중항법학, 계기비행론,
항공실용영어 I , II , 항공운항론 등이 있으며, 전공 선택
과목으로 항공교육론, 비행이론, 비행방법론, 비행안전론,

▲▼ 한국항공대학교 조종 시뮬레이션 모습

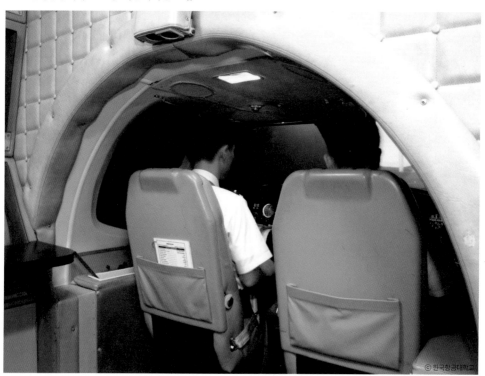

항행안전시설, 항공영어, CRM, CNS/ATM, FMS, SMS, 조종실기, 운항실습 등을 수강할 수 있다.

〈한서대학교 항공운항학과〉

충남 서산에 위치한 학교의 항공운항학과이다. 이 학교의 항공운항학과는 항공운송산업의 중심인 전문 직업조종사를 양성하는 학과로서 항고운항에 관련된 기초이론을 연구, 교수하고 비행기와 모의비행장치 등을 이용한 체계적인 조종실기교육과 실무 교육훈련을 통하여 국가 항공산업 발전에 공헌할 수 있는 인재를 양성함을 목적으로 하고 있다.

이를 위해 4년 동안 전공기초분야와 전공심화과정을 최신항공기의 교육 기자재를 이용해 전문 기술과 지식을 습득하며 특히, 자가용 조종사 과정을 시작으로 계기비행증명, 사업용 조종사 과정 등을 선진화된 교육환경에서 배우며 자격증을 습득할 수 있다.

교과목은 항행 안전시설 등을 1학년 때 수강하며, 이후 대다수의 교과목은 해당 학과의 학사 일정이나 교과과정 표를 열람해 살펴보는 것이 좋다. 이 학교는 또한 한서대-아시아나항공 조종사 양성 연계과정이나, 비행교관 경력 후 민항공사 입사과정, 비행경력을 가지고 있는 한서대 비행교관을 대상으로 한 아시아나항공 특별전형 등 학교 졸업 후 진로를 연계해 전문 직업인으로서 발돋움 하는데 적극적인 후원을 하고 있디.

한국항공협회 울진비행교육훈련원

항공 조종인력 양성체계를 강화하고 경쟁력 있는 교육기반
구축을 위해 비행교육훈련원을 설립하여 안정적인 조종인력
수급과 우수 인력의 해외진출 도모한다.

이곳이 본격적으로 조종인력을 양성하게 된 것은 다음과 같은
연유 때문이다. 2008년 연구결과에 따르면, 2009년부터
2013년까지 약 5년 동안 국내 조종인력이 4,000여명 부족할
것으로 예측되었다고 한다. 현재 한국 조종인력의 상당수를 군
출신(50%)이나 외국인(13%)에 의존하고 있는 실정이기도 하다.
국토해양부 자격관리과에서는 이러한 조종인력 수급문제를
해결하고 안정적인 조종사 양성기반을 구축하기 위해
유휴공항인 울진비행장을 활용하여 2개의 민간
비행교육훈련원(한국항공대, 한국항공직업전문학교)을 유치하고
연간 200여명의 사업용 조종사를 양성할 계획을 밝혔다.

이에 울진비행교육훈련원은 항공사 등에 진출할 사업용
조종사를 양성하는 데 주력하고 있다. 한국항공대학교와
한국항공직업전문학교가 연간 총 200여명의 조종사를
배출하고있으며, 이를 위해 울진비행교육훈련원에 약 70명의
교관, 정비 인력 등과 약 43대의 훈련용 항공기가 배치되었다.
또한 교육경쟁력을 높이기 위해 비행장 시설을 훈련원이
사용토록 하고 정부에서 교육비도 일부 지원하게 된다.

울진비행교육훈련원에서는 기본적으로 사업용 조종사
자격증을 취득(비행시간 200시간)할 수 있다. 그런데 국내
항공사의 경우 대부분 자격증 뿐 아니라 250시간 이상의
비행경력을 요구하는 사항이 있다. 따라서 추가로 비행경력을
확보한 후 항공사에 취업하게 되는데 다만 정부는 울진
비행교육훈련원을 졸업(사업용 자격증 취득)한 조종인력의 취업을
활성화하기 위하여 대한항공, 아시아나항공 등 6개의 국적
항공사, 2개의 비행훈련사업자와의 협력 협약을 체결한 것이다.
비행훈련사업자는 항공사 맞춤형 교육과정을 운영하고, 항공사는

훈련원 졸업자가 자격 취득 후 취업할 수 있도록 협조한다는
내용에 상호 합의해 운영되고 있다.

　이곳의 입학 자격은 다음과 같다. 훈련사업자는 공통적으로
학사 학위 소지자(졸업예정자 포함), 일정기준의 영어점수,
「항공법」상 신체검사증명 1급 등을 입학 자격으로 설정하고
있다. 이는 항공사 취업이 가능하도록 설정한 최소한의 제한
사항이다. 구체적인 자격요건에 관하여는 사업자별 입학 안내
홈페이지를 참조하자.

한국항공대학교 비행교육원

〈울진비행훈련원 과정(UPP)〉

일반 4년제 대학을 졸업한 자를 대상으로 1년에 3기수를
모집한다. 1기수모집에 15명 내외이다. 교육기간은 총 22개월이
소요되며, 22개월 교육종료 이후 항공사 조종사로 채용된다.
채용이후 10년 동안 교육투자비의 일부를 대한항공에 상환해야
한다.

〈항공운항학과 재학생 및 조종융합전공 과정〉

한국항공대학교 출신 재학생만을 대상으로 선발하며 1년에
10~12명 정도를 모집한다. 운항학과는 2학년이 지원대상이
되며, 타 과 학생들은 2,3학년 학생이 지원대상이 된다.
운항학과학생이 지원할 수는 있지만, 실질적으로 대부분은
학군단(ROTC)로 편입된다.

합격된 경우 한국항공대학교 운항학과 3학년으로 전과되며,
졸업 때까지 비행이론교육과 초급 비행 30시간의 경력을 쌓게
된다. 졸업 후 총 19개월의 교육을 추가로 받게 되며 교육종료
이후 대한항공 조종사로 채용된다.

※ 한국항공대학교 비행교육원의 과정과 모집요강이 매년 업데이트 되
므로 홈페이지에서 확인하기를 바란다.

공군 조종장교

■ 지원 자격

학사사관후보생 지원 자격 구비자 중 지원자 (전공에 무관하게 지원 가능)

■ 전형 방법

1. 필기시험 : 학사사관후보생 일반장교 지원과 동일

2. 체력 검정
   - 1,500m 달리기 : 7분 44초 이내
   - 윗몸일으키기 : 15회 이상/30초
   - 팔굽혀펴기 : 17회 이상/30초

3. 정밀 신체검사
   - 신장/체중 : 162.5~195cm/47kg 이상 107kg 미만
   - 시력 : 나안 원거리 시력 0.5이상, 교정시력 1.0 이상
   ※ 색약, 라식 · 라섹 등의 Laser 수술을 받은 자 및 드림렌즈 착용자 제외
   - 공군 종합 정신 심리검사
   - 기타 세부기준은 공중근무자 신체검사 기준 적용

4. 면접 평가 항목 : 핵심가치, 국가관, 품성 등

5. 조종적성검사
   - 비행자질 검사 : 수포헤득, 진기비묘, 토막수세미, 척도판독, 기계원리, 계기판독
   - 모의비행 평가 : 이륙, 상승, 수평비행, 선회, 착륙
   ※ 신체검사 당일 조종사 적성검사에 대한 사전교육 실시
   ※ 신검당일 차량/원동기 운전 절대금지
   ※ 사유 : 굴절검사 시 조절마비제로 운전사고 위험이 매우 큼

■ 조종장교 특전(비행 훈련 과정을 수료하여 비행자격 부여 시)
 - 조종장교로서 동등한 교육, 보직, 진급 등 기회 부여
 - 국내/국외 대학원(석사, 박사과정) 및 군사기술과정 위탁
   교육기회 부여
 - 「사업용 조종사」자격증 취득 가능
 - 군 복무기간 중 계급에 상응하는 기본급여, 비행수당, 복지
   혜택 부여
 - 전역 시 민간항공사 및 항공 관련업체 취업 추천

■ 의무복무기간
 - 비행훈련 입과 과정 중 재 분류 시 : 3년
 - 비행훈련 과정을 수료하여 비행자격이 부여된 자 : 10년
   (장기복무 임명)

공군조종 장학생

■ 지원 자격
- 학력 : 국내 4년제 정규대학 1 ~ 4학년 재학생

※ 단, 항공대/한서대/교통대 항공운항과는 1 ~ 2학년 재학생,
수학기간 연장 학과 및 부전공, 복수전공, 전과 등의 사유에 따른 5년
졸업예정자는 2 ~ 5학년 재학생(5년 졸업증명서 제출)

- 연령 : 임관일 기준 만 20세 ~ 27세까지의 대한민국
  남자(병역법 및 제대군인 지원에 관한 법률 적용자는 최대 만
  30세까지 지원 가능)
- 타군 장학생으로 선발되지 않은 자
- 군장학생으로 선발되어 선발 취소사유에 의해 선발 취소된
  경력이 없는 자
- 군인사법 제10조 2항에 의한 임용자격 및 결격사유에
  해당되지 않는 자

■ 지원 절차
지원서 접수 → 필기시험 → 정밀신체검사/체력검정 →
면접/조종사 적성검사 → 최종 합격자 발표

■ 필기시험
영어, 한국사, 인지능력평가(언어논리, 지각속도, 자료해석,
공간능력), 상황판단평가, 직무성격평가

※ 공군핵심가치 평가 : 2문항 1.6점(국사점수에 포함)
※ 공인영어 성적으로 가점 반영

- 2014년도 부디 조공장학생 선발 시 공인영어성적표 제출
- 공인영어성적 만점을 60점으로 기준, 공인영어성적
  미제출시 "0"점 처리

※ 한국사 : 고등학교 졸업자 수준 문제 출제 (객관식 4지선다형)

■ 신체검사 기준

- 신장 : 162.5cm ~ 195cm

- 좌고(座高) : 86.5cm ~ 101.5cm

- 체중 : 47kg 이상 / 107.0kg 미만 (조종좌석 환경을 고려한
  신장별 체중표 적용)

- 시력 : 교정시력 1.0 이상 공중근무 신검 1급 항목 중
  안과기준(고정익 : 나안0.5/교정1.0 이상, 회전익 :
  나안0.3/교정1.0 이상)에 미달한 저시력자에 대해서는
  항공우주의료원 검사에서 시력교정수술(PRK/라식) 적합자로
  판정 시, 만 21세 이후에 시력교정 수술을 받는 조건으로
  안과기준 충족자와 동일한 기준에 의해 선발(단, 수술 후 입영
  시까지 회복 기간 고려 최종학년 재학생 및 시력교정 수술을 이미
  실시한 자는 제외)

- 기타 세부 기준은「공중근무자 신체검사」(공군교범 13-12)
  공중근무 I급의 기준적용

■ 의무 복무기간

1. 조종장교(비행훈련과정 수료자)
   - 고정익 : 13년
   - 회전익 : 10년
2. 일반장교
   - 3년 + 장학금 수혜기간

■ 특전

- 졸업 시까지 등록금 지급(예산 범위 내)

※ 첫 장학금 지급일 조종장학생 선발 소집교육 후 1개월 이내

- 졸업 후 공군 조종장교로 임관. 복무 시 비행수당 및 기타
  수당 지급 가능, 「사업용 조종사」자격 취득 가능
- 임관 후 국내 · 외 대학원 위탁교육, 외국 군사기술
  전문과정, 외국 지휘참모 대학 등 다양한 교육기회 부여
  가능(장기복무자)
- 전역 시 민간항공사 및 항공 관련업체 취업 추천

Part Four

Reference

01 항공 산업과 종류

항공산업의 발전 과정

　항공산업은 지식 · 기술집약 산업, 생산 및 기술 파급 효과가 큰
선도 산업, 규모의 경제가 작용하는 산업, 수요의 소득탄력성이
큰 미래 산업, 위험 부담이 큰 모험 산업, 쌍방독과점이란 시장적
성격을 가진 산업 등의 특성을 가지고 있다.

　항공산업의 발전단계는 일반적으로 창정비(수리 및 분해수리나
재생이 요구되는 완제품, 부분품 및 결합체에 대해 정비창시설로
후송하여 실시하는 정비) → 라이센스 조립 및 부품 국산화 → 독자
개발 및 국제 공동개발 단계로 분류한다.

　한국 항공산업은 1955년 L-19 정찰기 창정비를 시발로
1970년대 초까지는 C-130 수송기 · 군용기 등의 정비 위주로
일관되어 왔다. 그러나 1970년대 중반 이후 국내 최초로 미국

휴즈사의 소형 헬리콥터를 면허 생산하기 시작하였다.

아울러 1978년 항공공업의 육성 · 지원을 위한
항공공업진흥법이 제정되었고 보조금 지급과 같은 유치 단계의
항공산업 육성을 위한 제도적 기반이 조성되었다. 1980년대는
미국 노스롭사 F-5 E/F 전투기의 공동생산이 추진되었다.

또한 1980년대 중반부터는 미국 보잉사와 같은 세계 유수의
민항기 제작사로부터 활발한 수출 수주로 여객기 기체
구조물들을 국내 생산하여 수출하기 시작하였다. 오늘날은 선진
제작사들로부터 단순 하청 제작에서 탈피하여 부품 설계에서
제작까지를 일괄 수주를 받아 수출하는 단계로 발전하고 있으며,
해외 협력선도 미국 외에 프랑스 · 독일 등 유럽 국가와 협력
생산이 활발히 추진되고 있다.

국내 우주산업은 1970년대 고체로켓 개발 기반 구축 등 기초
기술 습득기에서 1980년대 조립 · 부품 생산의 우주기술
습득기를 거쳐 1990년대는 우리별 1, 2호를 비롯한
방송통신위성인 무궁화호의 발사와 이동통신, 위치 탐사, 조난
구조 등에 사용될 다목적 실용위성의 국내 개발을 추진하였다.

현재 항공산업에 참여하는 국내업체는 대우중공업, 대한항공, 한화시스템 등 약 40개사이며, 군항공기사업 등으로 인하여 항공전자, 기계보기 분야의 참여업체가 증가될 전망이다. 우주산업체는 무궁화위성 개발의 하청업체인 LG정보통신, 대한항공, 한라중공업을 비롯하여 6개사로 진행되었으며 현재는 더 많은 업체들이 참여하고 있다. 앞으로 다목적 실용위성 개발에 따라 위성체 및 발사체 부문의 업체가 증가될 전망이다.

국내 항공우주공업은 기술수준이나 생산규모면에서 초보적인 단계이며, 고용 및 수출액 역시 세계 시장의 1%에 못 미치는 수준이다.

항공우주산업기술은 일반적으로 설계ㆍ제작ㆍ시험ㆍ평가의 네 부분으로 나눌 수 있으며, 그 기술 대상으로는 기체, 엔진, 소재, 보기, 장비 등이 있다.

첫째, 기체제작 및 부품가공 기술은 정밀기계가공, 화학처리가공, 판금성형 등의 분야에서 상당한 수준에 도달해 있다고 한다. 타이타늄 합금과 같은 특수 소재의 가공 능력은 보유하지 못하였다. 정비기술은 군용기와 여객기의 창정비로

숙련기술을 축적하고 있다.

둘째, 엔진제작 및 부품가공 기술은 전투기 엔진 조립생산 및
창정비의 수행으로 조립기술 및 일부 시험기술을 보유하고 있고,
정비용 부품과 국제 공동생산 참여에 의한 경항공기용 소형 엔진
및 여객기용 대형 엔진부품 등의 생산이 추진되고 있다. 우주
분야에는 1995년 발사된 무궁화호의 태양열 축적판 등 위성체
구조물, 신호전송 장비, 명령 수신장비 등 전자보기 및
우주발사체 구조물의 일부를 국내업체가 생산하고 있다.

셋째, 설계기술은 무인항공기 체계설계, 창공시리즈의
경항공기 설계, 군용훈련기 기본설계, 과학관측 로켓 설계를
수행한 경험이 있으나 항공기 및 우주비행체의 개발을 위한
기초설계 자료가 축적되어 있지 않으며, 경험 있는 설계인력이
절대적으로 부족한 실정이다.

넷째, 소재 분야는 일부 알루미늄합금과 복합소재 생산을
시도하고 있으나 아직까지는 미흡한 수준이다.

다섯째, 전기 · 전자보기류는 국내 전자업체에서 외국업체와
기술 제휴하여 일부품목에 한해 생산 · 수출하고 있다.

항공 산업의 주요 내용

항공산업의 주요 핵심인 항공 운송이란, 타인의 수요에
부응하기 위하여 항공기를 사용하여 유상으로 여객, 화물, 상업용
서류를 수송하는 사업을 의미한다. 그래서 수송 범위에 따라서
국내 항공 운송사업과 국제 항공운송사업으로, 규칙성에 따라서
정기편과 부정기편으로 구분한다.

이상은 모두 일정 규모 이상의 사업 규모를 가지는데 그 정도의
사업 규모가 되지 않는 '소형 항공운송사업'도 있다. 이 소형
항공운송사업은 국내 또는 국제 항공운송사업 이외의
항공운송사업을 말한다.

항공법에 따라 항공운송사업을 분류하면 다음과 같다.

구분	사업
운송형태	정기항공 운송사업
	부정기항공 운송사업
	소형항공 운송사업
운송대상	여객 운송사업
	화물 운송사업
	상업 서류 송달사업
수송지역	국내항공 운송사업
	국제항공 운송사업

항공운송 관련 사업의 종류

1. 국내 항공운송사업

국토교통부령으로 정하는 일정 규모 이상의 항공기를
이용하여 다음 각 목의 어느 하나에 해당하는 운항을 하는
항공운송사업을 말한다.

- 국내 정기편 운항 : 국내공항과 국내공항 사이에 일정한
  노선을 정하고 정기적인 운항계획에 따라 운항하는 항공기
  운항
- 국내 부정기편 운항 : 국내에서 이루어지는 정기편 외의
  항공기 운항

2. 국제 항공운송사업

국토교통부령으로 정하는 일정 규모 이상의 항공기를
이용하여 다음 각 목의 어느 하나에 해당하는 운항을 하는
항공운송사업을 말한다.

- 국제 정기편 운항 : 국내공항과 외국공항 사이 또는
  외국공항과 외국공항 사이에 일정한 노선을 정하고
  정기적인 운항계획에 따라 운항하는 항공기 운항
- 국제 부정기편 운항 : 국내공항과 외국공항 사이 또는
  외국공항과 외국공항 사이에 이루어지는 정기편 외의
  항공기 운항

3. 소형 항공운송사업

국내 항공운송사업 및 국제 항공운송사업 외의
항공운송사업을 말한다.

4. 항공기 사용사업

항공운송사업 외의 사업으로서 타인의 수요에 맞추어
항공기를 사용하여 유상으로 농약 살포, 건설 또는 사진 촬영 등
국토교통부령으로 정하는 업무를 하는 사업을 말한다.

5. 항공기 취급업

항공기에 대한 급유(給油), 항공 화물 또는 수하물(手荷物)의
하역(荷役), 그 밖에 정비 등을 제외한 지상조업(地上操業)을 하는
사업을 말한다.

6. 항공기 정비업

다른 사람의 수요에 맞추어 다음 중 어느 하나에 해당하는
업무를 하는 사업을 말한다.

- 항공기 등, 장비품 또는 부품의 정비 등을 하는 업무
- 항공기 등, 장비품 또는 부품의 정비 등에 대한 기술관리 및
  품질관리 등을 지원하는 업무

7. 상업서류 송달업

타인의 수요에 맞추어 유상으로 「우편법」 제1조의2 제7호
단서에 해당하는 수출입 등에 관한 서류와 그에 딸린 견본품을
항공기를 이용하여 송달하는 사업을 말한다.

8. 항공운송 총대리점업

항공운송사업을 경영하는 자를 위하여 유상으로 항공기를
이용한 여객 또는 화물의 국제운송계약 체결을 대리(代理)[여권
또는 사증(査證)을 받는 절차의 대행은 제외한다]하는 사업을
말한다.

"항공기사용사업"이란

항공운송사업 외의 사업
으로서 타인의 수요에 맞
추어 항공기를 사용하여
유상으로 농약 살포, 건설
또는 사진촬영 등 국토교
통부령으로 정하는 업무
를 하는 사업을 말한다.

9. 도심 공항터미널업

공항구역이 아닌 곳에서 항공여객 및 항공화물의 수송 및
처리에 관한 편의를 제공하기 위하여 이에 필요한 시설을
설치·운영하는 사업을 말한다.

항공기를 이용한 운송형태를 기준으로 본 우리나라
항공산업의 사업체 현황은 다음과 같다.

항공 운송산업	소형항공 운송산업	항공기 사용산업	항공기 취급업	항공운송 총대리점업	상업서류 송달업	계
12개소	11개소	58개소	101개소	182개소	766개소	1,130개소

※ 자료 : 국토교통부 물류혁신부 항공기획관 항공정책팀

공항과 항공 산업

   요즘의 공항은 항공교통의 이용 장소로서 뿐만 아니라 공항
내에서의 쇼핑이나 관광, 국제회의, 숙박과 휴식 등이 이루어지는
상업적인 기능이 복합된 장소로 변모하고 있다. 특히 세계 제일의
공항으로 꼽히고 있는 우리나라의 인천국제공항은 국제경쟁력을
갖춘 관광문화 공항으로 경제 파급 효과 및 세계화에 큰 영향을
줄 수 있는 기본적인 기반시설이다

   그럼에도 불구하고 공항은 기본적으로는 항공기의 이착륙과
여행객들의 편의를 제공하는 필수적인 요소들이 강조될 수밖에
없다. 즉, 공항의 기본적 요건은 공항이 필요한 이유(항공기는 물론
그 시설을 이용하는 사람들에게)를 분석하면 자연스럽게 이해할 수
있다.

먼저 우리나라 항공법에서는 비행장을 비행기의 이착륙을 위하여 사용되는 육지나 물 위로 규정하고, 그 종류를 육상(땅 위)비행장, 육상 헬리포트(헬리콥터용 비행장), 수상(물 위)비행장, 수상헬리포트(수상 헬리콥터용 비행장)로 구분하고 있다.

이에 따라 공항이 반드시 갖추어야 할 시설로는 비행기를 안전하게 이착륙시키는 데 필요한 착륙대, 활주로, 유도로, 주기장, 격납고(정비. 수리. 점검용), 비행장 표지시설, 이착륙 보조항법시설, 기상 및 관제시설, 급유시설, 소방시설, 구급시설 등이 있다.

이러한 기본적 시설 이외에 공항이 공항으로서의 기능을 효율적으로 발휘하는데 필요한 시설이 있으니 다음과 같은 것들이다.

여행자의 탑승 및 통과, 화물의 탑재 도착 통과 등을 취급하는 시설과 여객안내시설(대합실 표지판 등), 여행자의 항공기 탑승시설, 항공사의 여객 및 화물 카운터, 화물적재시설, 보세창고, CIQ 경비보안시설 등이 있으며, 부수적으로 필요한 시설로는 여객과 환송객, 견학자 또는 공항근무자를 위한 숙박시설, 식당, 은행, 우체국, 매점 및 버스나 택시 등 교통수단을 위한 주차장 시설 등이 있다.

따라서 공항은 위의 두 가지 시설을 기본적으로 모두 갖추고 있어야 한다. 하지만 상황에 따라서 후자의 시설들은 그 정도의 차이가 있을 수 있다. 이러한 시설들이 잘 갖추어진 공항을 우리는 경쟁력을 갖춘 훌륭한 공항이라고 한다.

한편, 각국의 경제발전과 국제교류의 증대에 따라 비행기의 여행자나 물건의 수송량이 많아지고, 앞으로는 더욱 많아지리라 예측된다.

이와 같은, 하늘의 대량 고속 수송시대에 맞춰서 현재 각국의 주요 공항은 기능정비와 첨단시설을 갖추기 위해 경쟁하고 있다.

대형 제트여객기가 비행을 시작함에 따라 1대의 비행기당

▲ 스위스 바젤에 위치한 유로공항(Euroairport Basel-Mulhouse-Freiburg)

여행자수가 종래의 제트여객기에 비해 평균 약 3배로 늘어났기 때문에 출발 도착 때 혼잡이 생기지 않도록 공항내의 설비를 보다 사용하기 편리하게 만들어야 했기 때문이다. 이를 위해 워킹벨트, 로딩브리지 등이 도입되었으며 대규모의 주차설비도 갖추게 되었다.

또한 항공화물의 수가 빠르게 늘어나면서 화물전용터미널이 일반화된 점도 특징이다. 성공적으로 컨테이너화 된 모습에 따라 원래는 손으로 하는 작업이 중심이었던 화물처리가 기계화되었으며, 항공화물 컨테이너 야드도 설치되고 있다.

이와 함께 이미 주요 공항과 도심 사이에는 고속도로가 일반화되어 있다. 그러나 많은 차들이 다니고 있기 때문에 빈번히 차가 막히는 일이 일어나고 있으며, 이런 현상은 향후 얼마동안 큰 개선책이 나오지 않는다면 점차 심해질 것이다. 또 항공기의 고속화로 인해 도심과 공항 사이를 움직이는 시간의 단축이 반드시 필요하게 되었다. 그래서 원래의 고속도로에 더 많은 철도와 지하철을 늘리고 있는 실정이기도 하다.

그렇다면 공항은 어떤 변화를 겪으며 발전해왔을까.

초기의 공항

공항이 생기기 시작한 것은 비행기가 상업화 시대에
접어들면서부터이다. 비행선으로 여객을 운송하거나 목제
비행기로 우편물을 나르던 시대에 있어서 공항은 그렇게
중요하지 않았다. 그 당시 필요했던 것은 넓은 공간과 이착륙을
위한 평평한 바닥뿐이었다.

공항의 발달은 상업 운송의 발전 및 항공기의 발달과 밀접한
관련이 있다. 최초의 상업 비행은 미국에서 우편물의 수송을 위해
처음 이루어졌는데 1918년 부정기적인 우편 비행이 1920년에
이르러 차츰 정기적인 우편 운송으로 바뀌었고, 1925년에는
로스엔젤레스와 샌디에고를 연결하는 여객 노선을 개선하면서
상업 운송이 본격화되었다.

물론 초기의 공항의 시설이란 볼품없고 부실했다. 1911년에
개항한 샌프란시스코 공항은 시골 같은 활주로와 주차장, 목조로
된 사무실과 식당만을 겨우 갖추고 있었을 뿐이었다. 당시의
공항들은 기본적인 시설과 임시건물 형태의 여객 청사만으로
적은 수의 여객을 수송했다.

그러나 새로운 비행기 종류가 등장하면서 항공 운송 능력은
빠르게 늘어났다. 장거리 수송, 대량 수송, 신속한 수송 체계가
확립되자 많은 이용객들이 생겨났으며 이에 따라 공항의 시설도
근대화되기 시작했다.

공항의 근대화

1950년대 말부터 등장하기 시작하는 B-707 이후 제트
항공기들은 기존의 프로펠러기들보다 훨씬 높은 곳에서의
비행이 가능해졌으며, 비행기의 몸체도 초대형화 되기 시작했다.
더불어 점점 안전해지면서 전 세계적으로 가장 있기 있는 운송
수단으로서 항공 운송의 인기가 솟아오르기 시작했다.

이에 따라 항공 운송이 필요로 하는 것도 늘어나게 된다.
시기적으로는 이 무렵이 1960년대에 접어들 무렵인데, 이 때
공항의 시설도 크게 바뀌기 시작했다. 항공 운송 시장이 장거리,
대량, 신속한 수송을 원하면서 공항 시설 역시 근대화를 피할 수
없었던 것이다.

활주로의 길이도 약 3,000m 정도 확보되어야 했고, 초대형
항공기가 주기할 수 있는 계류장도 필요해졌다. 이와 같은 요구에
따라 공항 시설은 꾸준히 넓어졌으며, 제대로 된 여객 청사를
갖추며 여행자들이 탑승 대기 시간 등에 지루하지 않도록 식당,
판매점 등의 편의 시설이 마련되기 시작했다.

한편, 항공기가 새로운 교통수단으로서 관심을 받으며 산업
발전에 도움이 되자 각국 정부에서는 항공사의 확보, 공항 시설의
현대화, 공중에서의 공간의 관리 등 항공 사업을 나라에서
경영하든 민간인이 경영하든 더욱 적극적으로 지원하게 되었다.
이를 바탕으로 안전성, 쾌적성과 신속성을 기반으로 하는
항공기의 발전은 일반 교통수단으로서 확실하게 자리를 잡게
되었다.

이러한 시대적 배경과 요구는 결국 항공 운송의 빠른 기술
혁신으로 이어지기도 했다. 여행객이 편리하도록 각종 편의
시설과 면세 매점의 설치 운영, 여객이 땅을 거치지 않고
항공기에 직접 탑승하는 탑승교의 설치가 전 세계적으로
보편화되었으며, 여객의 빠른 증가에 따른 신속한 업무 처리를
위하여 청사 설계 방식에도 많은 변화가 있었다.

　최초에는 선형 방식으로 모든 공항이 설계되었으나, 공항 운영의 효율성과 여객의 효율적인 움직임을 확보하기 위하여 중앙 집중식 피어형과 중앙 집중식 위성형 방식으로 전환 설계 또는 신축되는 등 1960년대부터 공항 관리 운영은 발전을 거듭해 나갔다.

터미널 종류

■ 피어형 터미널 : 탑승수속을 하는 건물에서 손가락처럼 탑승 통로 가 돌출되어 좌우로 여러 대의 비행기를 탑승할 수 있음

■ 위성형 터미널 : 탑승수속을 하는 곳과 비행기를 탑승하는 곳이 다 른 공항으로 비행기 탑승 장소까지 승객이 이동해야 함

현대적 공항의 등장

1970년대에 들어서면서 전 세계의 항공사가 운영하는 대부분의 항공기 기종이 제트 추진 항공기로 교체되면서 본격적인 제트 여객기 시대를 맞이했다. 특히 대형 점보기는 크고 빠른 항공기로 많은 양과 먼 거리를 운송할 수 있게 되었다.

뿐만 아니라, 해외여행을 자유롭게 하면서 항공 여행의 대중화는 세계의 지구촌화 시대가 열리도록 도와주었다. 항공 운송 산업의 변화와 풍요로워지는 생활은 해외여행을 늘리고, 공항 이용객의 요구도 다양해지며 시간이 중요성이 커지고 항공 화물이 많아지는 등, 항공기를 더욱 크고 빠르게 만들고 더불어 기존 공항의 기능과 역할을 변화시키는 중요한 계기가 되었다.

더 나아가 공항은 거대한 종합 서비스 센터로서의 역할도 하게 되었다. 이와 같이 공항의 역할이 다양해지면서 공항의 기능 역시 복잡하고 다양해져 가고 있는 실정이라고 할 수 있다.

기본적으로는 운송 규모가 커지면서 공항 규모를 확충하고 항공기 및 항해시스템의 발달에 따라 첨단 과학 장비들을 구비하여 항공기가 안전하게 이착륙하고, 여객과 화물의 흐름이 원활히 이루어지게 할 수 있는 기능을 갖추게 되었다.

물류 센터로서의 역할을 충실히 하여 국가 경제와 산업 발달에 보탬이 되기 위해서는 공항의 모든 기능이 빠르게 이루어져야 한다는

숙제가 남아 있다. 이를 위해 공항에 빠르게 접근할 수 있도록 도로, 철도, 지하철 등 일반 교통과의 연결이 잘 되고, 여객 입출국 시스템이나 수하물 처리 시스템 등도 전산화, 자동화되어 공항 내에서의 모든 절차가 신속하게 처리되도록 모든 시스템을 발전시키려는 움직임이 활발하다.

이 때문에 세계 주요 공항들은 다양한 품목의 물품을 갖춘 상가와 면세점, 각종 식당, 여유시간을 보낼 수 있는 레크레이션 시설, 사업 여행자를 위한 비즈니스센터는 물론 호텔, 영화관, 박물관, 미술관 등의 시설을 갖추고 있으며 이러한 변화는 운송 규모에 따라 지속적으로 요구되는 공항 시설을 늘리는데 필요한 자본을 확보하기 위한 이익이 늘어나는 것과도 연결되는 사항이기 때문에 각국의 주요 공항은 경쟁적으로 편의 시설 확충에 노력하고 있다.

세계 주요 항공 업계 현황

　전 세계의 지역 항공시장들은 그들 시장만의 색깔과 특성이
있다.

　공통적으로 항공기의 수는 매년 3.2%씩 증가하고 있다. 또한
항공 이용인원 및 화물 수송도 각각 년 4.9%, 5.4%씩 증가고
있다.

　그러니 2020년 고로나바이러스가 전세계로 퍼시년서 대무문의
국가가 여행 금지령을 내렸고, 항공 업계의 전체 성장률이
줄어들었다. 백신과 치료제가 개발되면서 2022년부터는 다시
정상화될 것으로 전망한다.

〈아시아-태평양지역 항공업계〉

■ 장기적인 성장을 전망하는 아시아태평양지역
경제침체로 인해 아-태 지역의 주 경제원이라고 할 수 있는
세계무역이 감소했다. 항공 이용인원과 화물, 모두가 감소했고
이로 아태지역 많은 항공사들은 어려움을 겪고 있다. 하지만
경제회복만 한다면, 아태지역 항공사들은 장기 성장 추세로
돌아설 것이라고 전망하는 편이다.

■ 효율적인 최신의 항공기들
향후 20년 동안, 아태지역 경제성장률은 매년 평균 4.4%로
성장으로 현 세계 GDP 공헌도 25%에서 33%까지 확대될
것이라고 전문가들은 이야기하고 있다.
이와 같은 지속적인 경제성장으로 항공 교통량의 증가와 함께
8,900대(1.1조) 이상의 항공기 수요가 창출될 예정이다.
효율적인 신형 항공기 도입으로 아태지역 항공기들은
세계에서 가장 젊은 항공기가 될 전망이다.

■ 항공산업의 번영

아태지역은 넓은 지역을 담당하는데, 이는 항공사에 기회와
도전을 제시한다. 신흥 저가항공사와 단거리 항공사, 수송망을
가지고 있는 항공사 등 다양한 종류의 항공사로부터 서비스를
받을뿐더러, 세계 유수의 수송업체로부터도 서비스를 받고
있다. 이는 많은 양의 아-태지역 국가 간 무역 및 아-태지역과
타지역간 무역에도 이용되어진다.

■ 성장을 위한 조건

중국이나 인도 등 상대적으로 인구가 많은 곳에서 임금 인상과
부유층의 확대로 항공 이용 인구가 급증하고 있는 실정이라고
한다. 이에 아태지역 공항들은 항공교통량의 증가에 맞춰 확장
중에 있다. 또한 휴가제한 규정과 사회경제기반의 개선은 지역
간 항공여행에 더욱 박차를 가할 것이다.

아태지역의 여행시장의 크기는 거대할 뿐만 아니라 급속히
성장하고 있다. 향후 20년, 아-태지역 여행은 현재 여행시장의
32%에서 41%로 증가할 것이다. 사실, 10년 안으로 쉽게
세계에서 가장 거대한 시장이 될 것이다. 이는 결국 아-태지역
항공여행은 20년 이상 매년 평균 6.5%씩 성장이 예상되며,
항공기는 3,910대에서 11,170대로 증가할 것이다.

〈북미지역 항공업계〉

■ 여행 시장

앞으로 20년간, 북미의 앞선 국제시장은 매년 2.5%의 적정
수준으로 성장할 예상이다. 장거리 국제서비스는 계속해서
높은 성과를 보일 것이며, 보잉 787이나 777과 같은 트윈통로

항공기들에 대한 강력한 수요가 있을 것이라 전망되고 있다.

■ 항공기의 교체

단거리 시장의 저성장률은 대부분의 항공기(60% 이상)들이
교체되어 갈 것임을 암시하는 지표라고 볼 수 있다. 현재 높은
연료소모율 항공기들은 시간이 지날수록 구식이 되어간다.
2014년 기준 단일통로형 항공기들 중 아직 은퇴를 하지 않은
기종이 있다면 이 항공기들의 나이는 적어도 25살이 된다.
오늘날 737제품군과 같은 차세대 항공기들의 범용성은 많은
수의 MD-80s와 현존하는 항공기중 가장 오래된 737s, 757s,
그리고 A320의 넓은 이용범위를 교체, 담당하여 경제의 활력을
제공하리라 전망되고 있다.

〈유럽지역 항공업계〉

　현재 세계적으로 힘든 상황에도 불구하고, 유럽지역은 꾸준히
소폭 상승하고 있다. 지금까지 유럽 항공 시장은 경제적 요인의
영향을 덜 받았다는 점에서 살펴볼 때 특이한 일은 아니다.
덕분에 유럽의 교통 감소량은 타 지역의 절반정도밖에 되지
않는다. 이러한 요인들로 유럽은 현재 강력한 항공교통의
시기임을 알 수 있다.
　예를 들어 유럽의 경제는 매우 다양하고, 새로이 발전중인
레저시장은 급속한 성장을 창출하였다. 또한 유럽연합은 터키,
브라질, 한국과 같은 국가들과 항공교통의 자유화를 진행하고
있다. 때문에 항공사들은 초고속 항공기들은 현 항공 시장에 맞지
않기에 기존 비행기의 평균 비행시간이 늘어날 것이라고 보고
있다.
　유럽 항공사의 전략은 환경에 대한 책임으로 구형의 낡은
항공기들을 최신 모델로 교체하여 적은 연료소비, 많은 인원수용,

장시간 비행등의 새로운 소형 항공기를 이용하여 전과 동일한
교통량을 유지하는 것이다. 여러 발표들에 따르면 2009년부터
2028년까지 유럽의 항공기 주문량 중 94%가 인도되었다.

■ 전략변화의 선두
유럽 항공사는 지역들과 연계는 되지만, 전혀 다른 2개의
글로벌 트렌드를 만들고 있는 중이다. 그 중 첫째로, 대형
항공사들은 이미 잘 형성되어진 장거리-노선망을 인수 합병,
타 항공사와의 파트너쉽, 대서양 노선 관련 권한 확대 등을
통하여 시장 강화를 꾀하는 것이다. 두 번째는 저가 항공사들이
지역시장에서 많은 양의 점유율을 지키는 것이다.
거대 노선망의 항공사들은 저가 항공사가 노리고 있는
단/근거리 노선에서 벗어나고 있다. 대형 항공사들은
단/근거리 지역노선에 있어서는 싸고, 간단하게 수요를
만족시키는 특화된 사업체들과 경쟁할 수가 없기 때문이다.

■ 장거리 저가 항공기와 전세 항공기
유럽의 전세 항공사들은 장거리형 저가 서비스와
직항-패키지를 유연하게 조합하여 저렴한 좌석을 제공해
운영하는 선두주자였다. 이에 타 지역의 신흥 장거리
저가항공사들과의 경쟁은 자신의 거대한 지역 시장을 지키기
위한 유럽 항공사들의 대응에 자극을 줄 것이다.

〈중동지역 항공업계〉

■ 전례 없는 성장률
중동은 항공여행 산업에 있어 세계에서 가장 중요한 지역 중
하나로 발전해 나아가고 있다. 중동 고유의 경제 조직과 잘

조율된 성장 계획, 최신의 항공 관련 기본시설, 지형적 이점
등으로 항공 산업에 있어서 지난 몇 년간 전례 없는 엄청난
성장을 해왔다.

■ 중요한 연결 위치
중동의 항공사는 유럽, 아시아, 아프리카 대륙 간 여행 시 중간
경유지 위치이다. 세 개 대륙의 중심지로서의 가치는 엄청난
잠재력을 가지고 있다. 현재 중동 항공사들이 운행하는 많은
노선들은 중동 항공사를 보호하기 위한 쌍방협정으로
제한되고 있다.
새로운 장거리 항공기 특성은 북미와 남미로 가는 노선의 중간
연결 위치로서 역할을 가능케 해준다. 보잉 777과 같은
비행기들은 중동에서부터 세계 거의 모든 도시들과
연결시켜준다. 또한 중동 항공사는 미국의 동부뿐만 아니라 더
멀리 있는 LA, 샌프란시스코, 휴스턴, 브라질의 상파울로까지
서비스를 제공할 예정이다.

■ 항공기 능력의 중요성
많은 수의 효과적인 장거리 성능의 신형 항공기를 인도받음에
따라 세계 항공에서 중동항공사의 위치는 높아질 것이다.
45대의 트윈통로 항공기를 포함하여 100대가 넘는 항공기들이
2009년 중동지역에 인도되었다. 이 항공기의 수는 2009년 전
세계로 납품한 항공기의 20%에 해당된다. 다른 50대의

트윈통로 항공기들은 2010년에 인도되었으며, 이와 같은
상승력을 바탕으로 이미 경쟁적 우위를 점하고 있는 중동
항공사들의 경쟁력은 더욱 견고해질 예정이다.

■ 값싼 여행시장

중동은 거대하지만 낮은 시장성 때문에 상대적으로 서비스는
충분하지 못하다고 하겠다. 그러나 현재 중동에는 많은 타국
노동자들이 그들의 집으로 돌아갈 적절한 교통 수단이
필요하며, 동시에 젊은 중간층 노동자들의 강력한 여행 욕망은
중동 항공업계가 가지는 불충분한 서비스에도 불구하고
앞날을 밝게 하고 있다. 이러한 수요로 인하여 인도와 유럽이
중앙아시아와 거리적으로 가깝기 때문에 중동 항공사들에게
중거리 노선 도입의 기회를 제공하고 있다. 과거 몇 년간 6개의
저가항공사가 서비스를 시작하였으며 시장 잠재력은 여전히
강력하다고 할 수 있다.

〈라틴 아메리카지역 항공업계〉

■ 급속한 성장

중남미 항공사들은 세계에서 가장 높은 성장을 하고 있다.
남미의 경우 매년 경제성장율 3.9%를 통해 향후 20년 동안
항공산업은 매년 7%의 성장을 하게 될 것이다.

중앙아메리카는 3.6%의 경제성장이 항공교통산업을 5.6%
성장시킬 것이라 전망되고 있다.

■ 성공적 운영
중남미지역에는 몇몇 고수익 항공사들이 있다. 이러한
항공산업의 호조에 힘입어 중남미의 많은 항공사들은 최근 몇
년 동안 그들의 상품과 브랜드, 그리고 서비스의 질을
향상시키기 위해 노력해왔다. 2009년 이전 4년간 주문한
항공기의 수량이 과거 10년 동안 주문한 항공기 수의 2배에
달한다. 또한 이러한 항공기들은 트윈통로 항공기들로서
세계시장에 뛰어 들기 위한 것이라 할 수 있다.

■ 시장 확대 가능성
늘어난 신형 항공기들은 중남미 항공사에게 사업 규모와
노선망 확대의 기회를 제공하고 있다. 이것은 중남미의
취항하는 세계의 항공사들과의 경쟁에 있어 중요한 요인으로
큰 도움을 줄 것이다.

현재 중남미 항공사는 유럽 운항이 19%이고 북미 운항이 전체
운항의 26%를 차지하고 있다.
경제학과 인구통계학은 현재 중남미 항공산업의 엄청난 성장
잠재력을 보여준다. 2억에 달하는 브라질 인구는 중국, 인도,
미국, 인도네시아 다음으로 많은 국가이다.

〈중앙아시아와 러시아 지역〉

■ 경제침체 동안 계속된 성장

단기적으로 경기는 부진한 반면에 중앙아시아 몇몇 국가들은
견고한 GDP 성장을 보여준다. 중앙아시아의 경제성장을
수용하기위해서는 2028년까지 1,570대의 항공기가 필요할
것이다. 이에 2028년까지 1,050대의 항공기를 인도받을
예정이다. 인도예정 항공기의 수는 필요항공기수의 67%로
정도이다. 보잉은 2000년 약 4%의 불과했던 중앙아시아 시장
점유율이 24%까지 성장했다.

■ 자유화의 강점

러시아는 1990년대 중반 중단되었던 제3국과의 코드쉐어를
미국 항공사를 위해 다시 실행했다. 미국항공사는 8개의
코드쉐어를 운영, 실행 할수 있으며, 이중 2개는 화물수송을
위해 사용된다. 또한 러시아에서 항공기 세금과 관세과
일시적으로 낮아지고 있으며, 심지어 전체적으로는 폐지되는
중이다. 50석 미만의 리지널 제트기의 수입관세는 9개월간
없으며, 110~160석 부류의 경우 5년, 300석 이상의
항공기들은 현재 유효기간이 없다. 또한 50석이하의 항공기
엔진 및 구성품들은 일시적으로 없어졌다.

■ 제반시설과 항공서비스

대형 항공기들과 확장된 운영방침은 제반시설과 항공서비스의
강화를 가져오는 중이다. S7항공사는 2개의 737 시뮬레이터와
훈련절차를 모스크바 도모데도보 국제공항 근처에 도입을
시도했으며, 우크라이나 국제 항공사는 실내 훈련시설 개방을
제한적으로 승인하였다.

　　2008년 벨로루시는 IteraVnukovo사와 공동으로 새로운
정비와 수리 그리고 오버홀 센터를 민스크에 세울 계획을
발표했다. 이곳에서는 서유럽 및 북미등에서 만들어진 항공기를
위한 서비스를 제공한다. 카자흐스탄, 키르기스스탄, 러시아,
타지키스탄 그리고 우즈베키스탄은 공동항공기관 설립에
동의하였다. 이 기관은 항공교통 관리와 가입국 국가의 항공기
안전 강화를 목적으로 설립된다. 몰도바는 25.5백만 유로를
유럽부흥개발은행(EBRD)로부터 키시우나 국제 공항의 현대화를
위해 받았다.

우리나라 항공 산업 현황

한국의 항공산업은 매력적인 기회 요인과 함께 적절한 전략적 결과가 나타나면서 다시 재평가의 기회를 맞고 있다. 사실 2005년 중반 이후 우리나라 항공산업은 도약의 기회가 있었다. 그러나 2008년 발생한 전 세계 금융위기로 인해 실패했고, 그 이후 2009년, 한국 항공업은 다시 달라진 경제 상황을 반영하며 두 번째 상승을 시도했었다.

두 번째 도약은 성공하는 듯하였으나 2010년 연평도 포격사건을 시작으로 잇달아 발생한 일본 대지진, 유럽 재정위기 등의 악재로 현실화 될 수 없었다.

2020년 코로나바이러스로 인해 전세계가 마비되면서 항공산업은 다시 악재를 맞이하였다. 코로나19의 세계적 확산을 막기 위한 조치로 국내외 여행 수요가 급감하여 여행객이 전년대비 68.1% 감소했다. 그러나 2022년부터는 백신 및 치료제의 개발로 인해 여행심리가 회복되어 점진적으로 정상화될 것으로 전망한다.

현재 700조원에 달하는 세계 항공산업이 아시아를 중심으로 전개되고 있다. 그리고 여타 산업과 마찬가지로 항공산업 역시 미국에서 유럽으로, 유럽에서 아시아로 경쟁력의 중심이 변화하고 있는데 아시아 중에서도 특히 동북아 항공산업은 세계 항공산업 보다 두 배 이상 높은 성장세로 주목 받고 있다.

넓은 국토와 풍부한 유동인구를 보유하고 있는 중국을 중심으로 항공자유화의 가능성까지 열려있어 동북아 항공산업은 세계 항공산업에서 가장 매력적으로 보이고 있다. 이러한 동북아 항공산업에서 특히 한국 항공산업의 차별화된 성장 요인이 부각되고 있다.

상대적으로 높은 내국인 출국자 비율과 주변 국가의 증가하는 출국자 수, 그리고 급증하는 환승객 수요에서 비롯된 매력적인 여객 수요와 풍부한 물동량을 바탕으로 한 화물 수요, 그리고 이러한 여객 및 화물의 수요를 흡수할 세계적인 수준의 인프라 등

ⓒ 대한항공

한국 항공산업은 성장을 위한 최적의 조건을 보유하고 있기
때문이다.

더욱 중요한 것은 이러한 환경에 대한 한국 항공사의 대응이
매우 적절하다는 것이다. 대규모 항공기 도입을 통한 적극적인
공급 능력 확충, 신기종 항공기 도입을 통한 연료 효율 증대,
여기에 프리미엄 서비스 제공으로 경쟁력을 향상시키는 수익성
개선 전략 등은 급성장하는 신흥시장에 대한 대응과 함께 한국
항공산업의 차별화된 성장요인으로 등장하고 있다.

한국 항공산업의 매력적인 환경과 항공사의 적절한 대응은
변화된 재무 구조에서도 확인할 수 있다. 다양한 저가항공사들이
출현했고, 대한항공의 경우 현금 창출 능력이 두 배 가까이
승가해 2조 원 규모가 유지될 것으로 기대되는 가운데,
2012년부터 대규모 투자가 마무리되며 본격적인 잉여 창출을
위한 준비를 마친 바 있다.

하지만 아시아나항공의 경우 그룹차원의 리스크와 차입금이
늘어나면서 위기를 겪고 있다.

▲ 하늘에서 찍은 인천국제공항 모습

〈세계 최고 수준의 인천공항〉

2011년 9월 10일, 루이비통이 인천국제공항 내 한 면세점에
신규 매장을 오픈했다. 157년 루이뷔통 역사상 공항 안에 매장을
연 것은 이번이 처음이다. 루이비통에도, 인천공항에도 적지 않은
의미가 있다. 이는 이브 카셀 루이비통 최고경영자(CEO) 겸
회장의 인터뷰 내용을 통해서도 확인할 수 있다.

그는 한 매체를 통한 인터뷰에서 그 동안 공항에는 매장을 열지
않는다고 했다가 마음을 바꾼 이유를 이렇게 설명했다.

"공항 전체를 커버하려면 보통 터미널 수만큼 매장이
필요하다. 하지만 인천공항은 아주 특별하게 설계되어 있어
중앙에 매장을 두면 자연스럽게 모든 고객을 아우를 수 있다.
분위기도 어떤 도시 못지않게 세련되고 우아하다. 이곳은 우리가
원하는 기준을 충족시킨 세계에서 유일한 공항이다. 다른 공항에
매장을 열지 않을 것이라는 것은 아니지만 아직까지 인천과
맞먹는 공항은 없다."

늘 곁에 두고 있지만 공항이 얼마나 중요한지, 그리고
인천국제공항이 얼마나 뛰어난 공항인지 모르는 사람들이 많은

것 같다.

항공산업에서 허브공항의 중요성은 매우 크다. 수요를 한 곳에 모으는 구조인 만큼 그 시스템의 소화 가능 여부는 허브공항의 처리능력에 달려있다고 해도 과언이 아니다.

더불어 소프트웨어적 수준에서도 명암이 갈린다. 여객 측면에서는 출입국 소요시간, 환승 연결시간 등 화물 측면에서도 수출 반입 소요시간, 환적 소요시간 등 다양한 면에서 신속하고 정확한 처리가 필요하다.

또한 최근에는 공항이 단순한 교통시설의 역할에서 벗어나 공항 내에서 문화관광을 같이 즐길 수 있는 복합도시의 개념으로 발전하고 있다.

이런 모든 요소를 보유하고 있고, 그래서 세계적으로 인정받은 공항이 우리나라의 인천공항인 것이다. 인천공항은 홍콩 첵랍콕국제공항, 싱가포르 창이국제공항과 더불어 스카이트렉스가 선정한 세계에서 단 3개 밖에 없는 별 다섯 개짜리 공항이다.

더불어 최근 국제공항협회로부터 세계 최고 공항상을 수상하며 2016년까지 11패의 위업을 달성하였다. '공항 분야의 노벨상'으로 불리는 세계 공항서비스 평가에서 연속 여덟 번 세계 1위를 달성한 것은 세계 공항 역사상 최초의 일이다.

〈한국 항공사들의 적극적인 노력〉

지속적으로 늘어나는 내국인 출국자, 폭발적으로 증가하는 중국인 출국자, 그리고 경쟁사의 부진으로 인한 반사수요 등 지금과 같은 경영 환경에서 유효한 전략은 이들을 흡수할 수 있는 투자일 것이다.

대한항공과 아시아나항공은 이미 5~7년 전부터 보잉과 에어버스에 항공기 구입 계약서를 체결하였다. 대한항공은

2012년부터 2015년까지 여객 항공기를 37대 도입했다.
2011년에 총 16대가 도입되었고 2012년에는 총 10대,
2013년에는 9대가 도입되었다.

　항공기 크기로 분류하면 중대형이 62%, 소형이 38%의
비중이며, 기종은 A380, B777, B787, CS300 등으로 계획되었다.
도입 계획대로 진행하여, 대한항공의 여객 항공기 보유
항공기수는 2011년 말 기준 117대에서 약 40%정도 늘어나
2021년 기준 160대의 항공기를 보유하고 있다.(퇴역 계획은 제외)

　아시아나항공 역시 같은 기간 동안 여객 항공기를 총 16대
도입할 계획을 가졌다. 2011년 3대를 도입하여 총 여객항공기
수가 62대로 늘어난 아시아나항공은 2012년부터 9대를 시작으로
2015년까지 총 16대의 항공기를 도입했다. 도입한 항공기는
중대형 82%, 소형 19%의 비중으로 구성되어 있다.

　아시아나항공은 A380을 2014년부터 2017년까지 총 6대
도입하는 등 아시아나항공의 보유 항공기수는 62대(2011년 말
여객 항공기 기준)에서 약 35%정도 늘어나 2021년에는 85대로
증가했다(퇴역 계획은 제외).

　또한 제주항공은 B737을 44대 운행하고 있고, 진에어는 28대,
에어부산 24대, 이스타 12대, 티웨이 27대, 에어서울 6대,
플라이강원은 3대를 운행하고 있다.

〈국내 공항 이용 현황〉

연도	운항 편수(편)	여객수(명)	화물량(t)
2018년	885,955	150,517,417	4,715,193
2019년	918,941	157,673,444	4,533,446
2020년	511,980	65,027,063	3,434,562

행복한 직업 찾기
나의 직업 항공기조종사

초판 1쇄 인쇄 2014년 5월 14일

개정판 1쇄 인쇄 2021년 12월 20일
개정판 1쇄 발행 2021년 12월 25일

글 | 꿈디자인LAB
펴 낸 곳 | 동천출판
사   진 | 대한민국 공군(공군본부), 대한민국 국군 flickr,
             대한항공, 아시아나항공, 한국항공대학교,
             Pixabay, shutterstock,

등   록 | 2013년 4월 9일 제319-2013-25호
주   소 | 서울특별시 서초구 효령로 60길 15(서초동, 202호)
전화번호 | (02) 588 - 8485
팩   스 | (02) 583 - 8480
전자우편 | dongcheon35@naver.com

값 18,000원
ISBN   979-11-85488-67-7 (44370)
            979-11-85488-05-9 (세트)

*잘못 만들어진 책은 구입하신 서점에서 바꿔 드립니다.